RÉFLEXIONS

SUR LA

FABRICATION EN GÉNÉRAL

DES BOUCHES A FEU.

DR L'IMPRIMERIE DE DEMONVILLE.

RÉFLEXIONS

SUR

LA FABRICATION EN GÉNÉRAL

DES BOUCHES A FEU,

Auxquelles ont donné lieu les épreuves extraordinaires et comparatives de diverses espèces de Bouches à Feu qui ont été faites à Douai, en 1786, par ordre du Ministre de la Guerre.

PAR M. LE COMTE DE LAMARTILLIÈRE,
PAIR DE FRANCE.

NOUVELLE ÉDITION,
REVUE ET CORRIGÉE PAR L'AUTEUR,

Qui à l'époque de ces épreuves extraordinaires, Capitaine en premier au Corps royal de l'Artillerie, étoit déjà, depuis plusieurs années, chargé de l'inspection des travaux de ladite Fonderie royale, par M. le Général DE GRIBEAUVAL, premier Inspecteur de l'Artillerie.

A PARIS,

CHEZ MAGIMEL, ANSELIN ET POCHARD,
LIBRAIRES POUR L'ART MILITAIRE, RUE DAUPHINE, N° 9.

1817.

RÉFLEXIONS

SUR

LA FABRICATION EN GÉNÉRAL

DES BOUCHES A FEU,

ET

OBSERVATIONS

Relatives aux épreuves extraordinaires et comparatives de différentes espèces de bouches à feu, qui ont eu lieu à Douai, en 1786, par ordre du Ministre de la Guerre.

1. L'EXPÉRIENCE est dans les arts la leçon la plus sûre, et la proclamation de ses résultats devient pour la société d'une utilité majeure, surtout lorsque de grandes difficultés empêchent les artistes d'y avoir recours; tel est l'art qui a pour objet la fabrication des bouches à feu, dans lequel l'expérience ne devient même concluante qu'à

grands frais; ce qui rendant ses oracles fort rares impose le devoir rigoureux, à ceux à portée de les entendre, de les consigner exactement dans tous leurs détails et dans toutes leurs particularités, dans les archives pour ainsi dire de l'art.

2. Mis en pratique depuis environ cinq siècles, ce n'est cependant que dans le dernier (1700) que cet art, malgré son importance, est sorti du berceau; c'est même à l'ordonnance de 1732, en fait de l'artillerie, qu'il doit son premier élan. La multiplicité mal entendue des calibres dans les bouches à feu, aussi embarassante qu'incommode dans l'approvisionnement des places et des armées, fut réduite par cette ordonnance au plus petit nombre possible, mais suffisant à toutes les diverses opérations de la guerre; et si les formes et les dimensions des bouches à feu adoptées ne furent pas alors soumises absolument aux calculs de la théorie et aux résultats de l'expérience, elles furent du moins subordonnées à celles que la pratique de ce temps exigeoit comme les plus convenables au service, et elles furent rigoureusement prescrites sous peine de rebut.

3. Dans l'obligation où se trouva l'artiste de perfectionner ses moyens d'exécution, pour satisfaire à l'exactitude des formes et des dimensions dont il se rendoit garant à une condition si onéreuse, son industrie lui suggéra bientôt le moyen de s'affranchir de cette crainte par l'em-

ploi d'une nouvelle machine, d'une exécution en
même temps plus prompte et susceptible d'opérer
avec la plus grande précision les formes et les
dimensions ordonnées, sans s'inquiéter à la vérité
sur ce qui pouvoit en résulter relativement à la
résistance et à la durée des bouches à feu.

Ce nouveau moyen d'exécution, proposé en 1744
par M. Maritz, Suisse d'origine, fondeur distingué,
fut sa machine à forer, composée d'un tour à ma-
nége ingénieusement approprié à la fabrication des
bouches à feu. Cette machine, séduisante par la facilité d'opérer des formes régulières et précises, ne
laisse rien entrevoir, par elle-même, de contraire
à la solidité requise dans les bouches à feu; mais
elle tient à une méthode de les couler qui, cependant, ne lui est pas exclusive, mais qui, adoptée
jusques à présent, peut affoiblir la résistance de
la fonte, et diminuer par conséquent leur durée :
inconvénient qui, présumé, ne peut se connoître
à l'épreuve ordinaire qui précède la livraison,
et seulement par une épreuve extraordinaire,
qui en opéreroit la consommation.

La faveur à laquelle cette invention avoit élevé
son auteur, et la réputation qu'elle lui avoit faite
dans les arts mécaniques, étouffèrent, sans doute,
les réclamations auxquelles elle donna lieu de la
part de quelques officiers du corps de l'artillerie,
qui n'obtinrent que quelques délais; car, quoique
la machine à forer eût été adoptée et qu'elle eût

reçu l'approbation du Gouvernement, elle ne fut d'abord établie que dans la fonderie dirigée par M. Maritz à Lyon ; et ce ne fut qu'en 1748, que la méthode de couler plein a été ordonnée exclusivement dans les deux fonderies royales de Douai et de Strasbourg, qui étoient alors les seules en activité pour le service de l'artillerie des places de guerre et des armées.

4. La guerre d'Allemagne (de sept ans), qui eut lieu quelques années après, n'ayant présenté aucun siége considérable, ni aucune occasion d'éprouver vigoureusement cette nouvelle artillerie, dans les gros calibres, on est resté à leur égard, par un laps de temps assez considérable, dans un sentiment de sécurité si parfaite, qu'il l'avoit soutenue à l'abri de toute suspicion jusques aux épreuves extraordinaires de 1786.

5. Les changemens opérés dans les fontes de l'artillerie, en 1765, n'eurent pour objet que l'artillerie de campagne ; celles relatives à l'attaque et à la défense des places, non moins essentielles, auroient été, sans doute, l'objet d'un second travail ; mais quelque nécessaire et bien conçue que fût dans tous ses points cette première opération, le préjugé timide, captif de l'habitude, ne la regarda pas moins comme trop hardie et inconsidérée, tant par les réductions des longueurs des ames des pièces de canon, qui lui parurent trop fortes, en rendant les pièces trop courtes, que par

la diminution des épaisseurs qui lui firent craindre trop peu de résistance, et par conséquent trop peu de durée.

6. Les contradictions sans nombre, et si peu fondées, qui s'élevèrent alors contre cette innovation, cependant si fort désirée, firent juger à M. de Gribeauval, alors premier inspecteur général de l'artillerie, qui l'avoit dirigée, que c'étoit faire assez, pour le moment, d'établir solidement, comme il venoit de le faire, l'artillerie de campagne, et qu'il falloit attendre du temps, que les instructions qu'il venoit d'ordonner dans la partie des fontes, eussent germé et produit les lumières nécessaires pour subjuguer la prévention, et amené les connoissances qui paraissoient manquer alors, pour opérer les changemens avantageux dans la grosse artillerie, qu'il laissa par conséquent dans l'état où elle étoit, et dans lequel elle est encore aujourd'hui, à bien peu de chose près, sous les formes et les dimensions établies par l'ordonnance de 1732; mais entachée de l'incertitude sur les bonnes ou mauvaises influences que le forage et les changemens qu'il a introduits dans la fabrication pouvoient avoir apportées sur la résistance de la matière des bouches à feu, et sur leur plus ou moins de durée.

7. Vingt ans environ après cette espèce d'abandon, quelques circonstances réunies amenèrent l'heureuse occasion de lever cette incertitude.

MM. Poitevin frères, Français d'origine, après avoir exercé à Vienne en Autriche, pendant nombre d'années, les fonctions de commissaires généraux des fontes impériales pour l'artillerie, et se retirant en France avec l'agrément de l'empereur Joseph II, et pensionnés, se rendirent de suite à Paris, dans l'intention d'offrir au Gouvernement leurs connoissances acquises dans la profession de leur art. Les circonstances ne pouvoient être plus favorables à leurs offres, ou peut-être même y avoient-elles donné lieu; c'étoit quelque temps après que les commissaires généraux des fontes royales à Douai et à Strasbourg venoient d'adresser, chacun en particulier, un mémoire au bureau de l'artillerie, tendant à obtenir une augmentation dans leurs bénéfices; et à-peu-près dans le temps aussi que parvenoient, au même bureau, des procès-verbaux qui constatoient du prompt dépérissement de quelques pièces de campagne au polygone de La Fère.

8. Quoique ces rapports ne dussent s'appliquer qu'aux seuls canons qui y avoient donné lieu, ils ne donnèrent pas moins l'éveil sur la fabrication en général des bouches à feu.

MM. Poitevin consultés dans ce moment par le Ministre de la guerre, tant sur ce qu'on pouvoit répondre de juste aux commissaires des fontes royales sur leur demande, que sur l'espérance conçue d'améliorer, si réellement il y avoit lieu, les bouches à feu, ayant satisfait par leurs réponses aux vues du Ministre, furent institués, pour les mettre à exécution, directeurs des fontes royales de France pour l'artillerie, et envoyés en cette qualité à Strasbourg l'année courante 1785, pour y faire couler à la fonderie, sous leur direction, quelques pièces de campagne, avec ordre de les soumettre ensuite à une épreuve extraordinaire pour en constater la durée.

9. Par les fontes qui, conformément à ces ordres, eurent lieu à la fonderie de cette ville, et par les épreuves extraordinaires qui s'en suivirent, sur leurs produits, ces MM. parurent avoir parfaitement répondu aux espérances conçues, puisque ces pièces de canon de campagne tirèrent près de trois fois autant que celles des mêmes calibres, en 1765; à la vérité, les pièces de MM. Poitevin furent servies dans ces épreuves extraordinaires, à boulets ensabottés, tandis que celles éprouvées en 1765 avoient été servies à boulets roulans, suivant l'usage d'alors.

10. Les épreuves de Strasbourg n'ayant été ni générales, ni comparatives, M. Dartein, commissaire général à cette fonderie, s'étant refusé à la comparaison, et M. Berenger, commissaire général des fontes royales à Douai, la réclamant au contraire, MM. Poitevin se rendirent l'année suivante, 1786, dans cette dernière ville en même qualité que ci-dessus, pour faire couler à la fon-

derie royale, selon leur procédé, et sous leur direction, toute espèce de bouches à feu, et en faire ensuite des épreuves comparatives avec des bouches à feu de même espèce et en même nombre, coulées antérieurement à cette fonderie et à différentes époques, par MM. Berenger.

11. Toutes ces opérations, dans leur exécution, furent présidées par MM. le marquis de Thiboutot, le chevalier de Gomer et Désalmont, tous trois maréchaux-de-camps, et inspecteurs généraux de l'artillerie; comme ces deux derniers avoient présidé l'année précédente, 1785, les épreuves extraordinaires ci-dessus mentionnées qui avoient eu lieu à Strasbourg.

12. Destiné en qualité de capitaine au Corps royal de l'artillerie, et chargé pour lors de l'inspection des travaux de la fonderie de Douai, à suivre dans le plus grand détail toutes ces différentes opérations de fabrication et d'épreuves, je pensai que cette destination m'obligeoit à recueillir et à présenter au Corps royal de l'artillerie tout ce qui pouvoit concourir, soit par analogie, ou par opposition aux principes reçus, à l'augmentation des connoissances dans la partie des fontes, si essentielles au bien du service, dans lesquelles, jusqu'alors, les officiers d'artillerie n'avoient pas été initiés.

13. Dans l'établissement des vérités de la nature de celles dont il est ici question, quelque

solides que puissent être les raisonnemens qui les établissent, ils ne paroissent cependant tout au plus que spécieux, lorsqu'ils sont absolument dénués des secours de l'expérience. Heureusement ici tout est vérité de fait, et jouissant comme tel, à juste titre, de la plus grande publicité.

Non seulement ces épreuves furent consignées dans tous leurs détails, jour par jour, séance par séance, dans des procès-verbaux relatifs à chaque calibre, signés de tous les officiers généraux dénommés ci-dessus, des officiers d'artillerie qui y ont été employés avec leurs troupes, et des parties intéressées les MM. Poitevin et les MM. Berenger, père et fils; mais, même dans tout le cours de ces épreuves, on exposoit à chaque séance, en forme de bulletin, à tous les officiers du Corps royal de l'artillerie, et à tous ceux de la garnison que l'intérêt, ou la curiosité amenoient au polygone, l'état où s'étoient trouvées les bouches à feu en batterie, lors de la dernière visite qui avoit toujours eu lieu à la fin de la séance précédente; de manière que par les détails exposés et dont chacun étoit à portée de se procurer des copies sur les lieux, où à cette intention l'on entretenoit tout ce qui étoit nécessaire, chacun pouvoit aussi en toute liberté, suivre toutes ces épreuves dans leurs plus grands détails, et en connoître parfaitement tous les résultats.

14. Dans ces épreuves extraordinaires, vingt-

neuf bouches à feu, qui n'avoient subi que l'épreuve ordinaire, et dont moitié furent expressément coulées à la fonderie de Douai par les MM. Poitevin, furent poussées à bout; je dois à la vérité de dire que ces Messieurs n'apprirent rien dans l'art de couler les bouches à feu, aux MM. Berenger qui pût intéresser le service, auxquels même ils se montrèrent inférieurs par des pratiques minutieuses que les connoissances acquises déjà, et même bien auparavant, avoient dû proscrire de l'art en grand.

15. Dans les fontes des MM. Poitevin, l'estime de l'alliage fut d'abord faite comme à l'ordinaire, en chargeant le fourneau, sur la connoissance des titres des différens métaux vieux et neufs qui composoient les charges, et je les ai ensuite vérifiées plus à loisir par l'analyse, telles que je les donne ici sur des buchilles de chacune de ces fontes provenant du polissoir.

16. Ces vingt-neuf bouches à feu éprouvées extraordinairement, consistoient en dix pièces de gros calibres destinées pour l'attaque et la défense des places, treize pièces de campagne et six mortiers dont quatre de 8 pouces, et deux de 12 pouces à grandes portées.

17. Indépendamment des frais de fabrication qui ont dû s'élever à une somme de 120,000 fr., on y consomma environ 120 milliers de poudre, et il y eut aux environs de 38 milliers de fer

coulés en mobile de cassés dans la butte. Tous ces sacrifices cependant sont encore en pure perte, puisque les vérités, précieuses par leur importance, que ces épreuves extraordinaires ont fait connoître, n'ont encore reçu aucune heureuse application.

18. Ces expériences ayant commencé par le tir des pièces de campagne de 8, je vais entrer, seulement pour ce premier calibre, mis à l'épreuve, dans quelques détails pour donner une idée des précautions, et de l'exactitude avec laquelle on a procédé dans tout le cours de ces épreuves extraordinaires et comparatives (1).

19. *Procès-verbal des opérations qui ont eu lieu dans l'épreuve extraordinaire et comparative des quatre pièces de campagne de 8.*

« Cejourd'hui, vingt-troisième jour du mois de
» mai mil sept cent quatre-vingt-six, nous com-
» missaire des guerres et du Corps royal de l'artil-

---

(1) Je préviens que j'appellerai *fouille*, la dégradation indiquée dans les procès-verbaux par le terme d'*égrainement* qui ne peut lui convenir, puisqu'il est réellement question d'une cavité qui se forme peu-à-peu dans la matière des bouches à feu, par un affaillement qui se creuse et s'approfondit par l'action de la chaleur qui met cette matière en fusion dans le tir.

» lerie au département de Lille, faisant par intérim
» les fonctions de M. de Masalaigne, commissaire
» dudit à celui de Douai, nous sommes rendus au
» polygone servant aux écoles d'artillerie, à la
» réquisition de MM. le marquis de Thiboutot, le
» chevalier de Gomer et Désalmont, tous les
» trois maréchaux-de-camp et inspecteurs-géné-
» raux d'Artillerie, ayant charge et ordre de
» faire faire les épreuves ci-après, auxquelles
» MM. Poitevin ont demandé de faire une épreuve
» des fontes de la première coulée qu'ils ont
» faites à la fonderie dudit Douai; en consé-
» quence lesdits généraux ont appelé MM. Dor-
» bay, brigadier des armées du Roi, directeur de
» l'arsenal; Lamartillière, capitaine en premier,
» inspecteur de la fonderie; Sennecourt, capi-
» taine en second attaché à la fonderie; et Garens,
» capitaine en second, détaché en résidence à
» ladite école.

20. « En conséquence de la réquisition de mes
» dits sieurs Poitevin, directeurs-généraux des
» fontes de France, il a été conduit au champ d'é-
» preuve deux pièces de canon de campagne du
» calibre de 8, provenant de ladite première fonte.
» *Apollon*, l'une d'elles avoit un grain de lu-
» mière mis à froid, et *Jason* n'en avoit point eu.
» Après avoir subi l'épreuve ordinaire, ces deux
» pièces ont été amenées au Polygone pour y su-
» bir l'épreuve extraordinaire.

« Comme il étoit nécessaire de faire une épreuve
» comparative avec d'autres pièces de même ca-
» libre coulées par MM. Berenger père et fils,
« commissaires-généraux desdites fontes; pour
» les deux dernières pièces, on en a choisi deux,
» l'une coulée le 22 août 1766 à la même époque
» que celles annoncées défectueuses dans les pro-
» cès-verbaux de La Fère, et l'autre en 1765, à
» l'époque la plus rapprochée, n'en ayant pas à
» Douai, de la même fonte que celle de ladite
» année, trouvée aussi défectueuse à La Fère,
» l'une et l'autre coulées d'un alliage de 100 par-
» ties de cuivre sur 11 parties d'étain, voulu par
» les règlemens.

« L'état de ces quatre pièces, relativement à
» l'évasement de leur ame, avant l'épreuve ex-
» traordinaire, ayant été vérifié, a été trouvé
» comme ci-après, et elles ont été constamment
» chargées à gargousses de serge contenant 2,
» 5 livres de poudre (charge de bataille), avec
» boulet ensabotté.

» Ensuite de quoi il a été procédé ledit jour, et
» jours suivans, en la présence de MM. les offi-
» ciers-généraux ci-dessus dénommés, et autres
» officiers d'artillerie, de MM. Poitevin et Be-
» renger, au tir desdites pièces désignées telles
» qu'elles le sont ci-après.

21. ÉTAT DE LA SITUATION DES PIECES

AVANT L'ÉPREUVE COMPARATIVE.

FONDERIE.	NUMÉROS des FONTES.	SIGNALEMENT.	POIDS des PIÈCES.	ÉPOQUES des FONTES.	SITUATION des pièces à leur réception, avant d'etre soumises à l'épreuve de comparaison.
DE DOUAI, Sous la direction de MM. Poitevin. Alliage: cuivre 100, étain 8.	N°. 1.	Jason,	1195 liv.	27 avril 1786.	Le calibre trop fort d'un point, cette pièce n'avoit pas eu de grain de lumière.
	N°. 1.	Apollon,	1185	Idem.	Le calibre trop fort d'un point et demi, cette pièce avoit eu un grain de lumière.
DE DOUAI, Sous la direction de MM. Berenger. Alliage: cuivre 100, étain 11.	N°. 38.	Le Rigide,	1195	5 juillet 1765.	Le calibre trop fort de deux points avec grain de lumière.
	N°. 236.	Le Coq,	1189	22 août 1766.	. . . Idem. . . . . d'un point. . . Idem.

» Le 23 mai 1786, les quatre pièces ont tiré
» 150 coups chacune, et au bout de 25 coups on
» les a fait rafraichir avec des éponges et écou-
» villons mouillés, et après 75 coups on a rempli
» d'eau l'ame des pièces pour y opérer un plus
» prompt refroidissement.

» Le même jour après midi, elles ont tiré cha-
« cune le même nombre de coups, ce qui fait au
» total 300 coups chacune.

» NOTA. l'on a jugé ne devoir faire la visite et
» vérification de ces quatre pièces qu'après leur
» refroidissement, afin d'obtenir de plus justes
» résultats ; en conséquence cela a été exécuté le
» 24 au matin avant de commencer le tir; il a
» été reconnu à la fin de ladite journée, relative-
» ment à *Jason*, qui n'avoit point eu de grain de
» lumière, que le canal de la lumière commen-
» çoit à s'évaser irrégulièrement.

Vérification réelle, faite le 24 au matin, avant de tirer.

N°. 1, JASON.

		lig.	poi.	prim.
	au fond de l'ame............	»	1	6 (1)
Évasemens	au logement du boulet.......	»	5	»
	à 38 pouces du fond de l'ame.	»	1	»
	à la bouche de la pièce.......	»	»	»

N°. 1, APOLLON.

	au fond de l'ame............	»	2	»
Évasemens	au logement du boulet......	»	3	6
	à 24 pouces du fond de l'ame.	»	2	6
	à la bouche de la pièce......	»	1	»

N°. 38, LE RIGIDE.

	au fond de l'ame............	»	2	6
Évasemens	au logement du boulet......	»	3	6
	à 30 pouces du fond de l'ame..	»	2	6
	à la bouche de la pièce......	»	1	»

(1) On ne doit pas être surpris de voir présenter avec tant de précision les évasemens que les épreuves ont successivement occasionnés dans l'ame des bouches à feu, puisque la machine à tambour, dont on s'est servi pour les mesures, est un micromètre dans lequel, la marche de l'index est à celle de la pointe qui mesure l'évasement comme 72 : 1, de manière que cet index parcourt six lignes lorsque la pointe ne s'élève que d'un point. La forme des fouilles et l'ouverture des chambres ayant été prises avec une estampe très-fidèle, on a toujours pu en connoître toutes les formes et les dimensions avec la plus sévère exactitude et la plus grande vérité.

N°. 236, LE COQ.

		lig.	poi.	prim.
	au fond de l'ame............	»	1	»
Évasemens {	au logement du boulet.......	»	3	»
	à 18 pouces du fond de l'ame.	»	1	6
	à la bouche de la pièce......	»	»	6

» Ensuite on a continué le tir des quatre pièces
» avec les mêmes précautions et intervalles que
» ci-dessus.

» On s'est aperçu que la lumière de *Jason* de-
» venoit de plus en plus défectueuse; alors, à la ré-
» quisition de MM. Poitevin, on l'a supprimée de
» l'épreuve pour y mettre un grain de lumière à
» froid, après avoir tiré 347 coups; cette pièce
» sera remise à l'épreuve aussitôt que ce nouveau
» grain sera posé.

» Après avoir fait tirer aux trois pièces restan-
» tes le nombre de 150 coups chacune, dans la
» matinée, et 150 coups l'après-midi, on les a
» soumises à la visite; et à leur vérification de si-
» tuation, après avoir observé de les laisser ré-
» froidir, ce qui s'est fait l'après-midi sur les trois
» heures; et ces pièces avoient alors tiré 600
» coups chacune. »

22. Il seroit trop long, sans doute, et sans utilité, de rapporter ici ces épreuves extraordinaires, séance par séance; ce que je viens d'en présenter doit suffire à l'intention qui m'y a déter-

miné, de faire connoître les précautions qui ont été prises, et l'exactitude rigoureuse qu'on y a mise pour obtenir des résultats concluans ; je me bornerai donc par la suite à un exposé succinct des dégradations progressives de chaque bouche à feu, dans un tableau particulier à chaque espèce de bouche à feu, objet d'une épreuve extraordinaire, suivi des observations auxquelles les particularités qui y sont présentées ont pu donner lieu.

23. *Résultat de la dernière visite, établi comparativement avec ceux des autres visites faites à diverses époques, pour constater les dégradations successives que ces pièces ont éprouvées dans leur tir.*

PIÈCES DE CAMPAGNE du calibre de 8.	NOMBRE de coups tirés par pièce.	ÉVASEMENS			
		au fond de l'ame.	au logement du boulet.	à 3o pou. du fond de l'ame.	à la bouche de la pièce.
		poi. prim.	poi. prim.	poi. prim.	poi. prim
JASON, Nº. I, Coulé à Douai le 27 avril 1786, du poids de 1195 livres, selon les procédés de MM. Poitevin, d'un alliage de 100 parties de cuivre sur 8 d'étain.	Avant l'epreuve.	1 »	1 »	1 »	1 »
	797	5 »	10 »	4 »	2 6
	1447	5 »	13 6	6 »	5 »
	1749	8 »	15 »	8 »	7 »
	2613	13 »	21 »	12 6	10 6
	2715	13 6	22 »	12 6	11 6
	2900	14 »	23 »	14 6	$\frac{14}{15}$ D.hor. / D.vert
	3000	15 »	25 6	17 6	$\frac{14}{15}$ »

PIECES DE CAMPAGNE du calibre de 8.	NOMBRE de coups tirés par pièce.	ÉVASEMENS						
		au fond de l'ame		au logement du boulet.		à 30 pou. du fond de l'ame.		à la bouche de la pièce.
		poi.	prim.	poi.	prim.	poi.	prim.	poi. prim.
APOLLON, N°. I, Coulé à Douai le 27 avril 1786, du poids de 1185 livres, selon les procédés de MM. Poitevin, d'un alliage de 100 parties de cuivre sur 8 d'étain.	Avant l'épreuve.	1	6	1	6	1	6	1 6
	750	3	6	7	6	2	6	1 6
	1400	8	6	13	»	7	6	6 6
	2302	13	6	20	»	12	»	9 »
	2615	16	»	23	»	14	»	$\frac{11}{13}$ D.hor. / D.vert
	2715	16	»	25	6	14	»	$\frac{12}{13}$ »
	2900	16	»	25	6	15	»	$\frac{13}{14}$ »
	3000	17	»	27	»	18	»	$\frac{14}{15}$ »
LE COQ, N°. 236, Coulé à Douai le 22 août 1766, du poids de 1189 livres, selon les procédés de MM. Berenger, d'un alliage de 100 parties de cuivre sur 11 d'étain.	Avant l'épreuve.	1	»	1	»	1	»	1 »
	750	3	»	7	»	3	6	2 »
	1400	5	6	12	6	6	»	5 »
	2302	10	6	22	»	11	»	$\frac{8}{13}$ »
	2615	13	»	23	»	13	6	12 »
	2715	13	6	25	6	13	6	12 »
	2900	13	6	26	»	14	6	$\frac{12}{13}$ »
	3000	14	6	30	»	14	6	13 6
LE RIGIDE, N°. 38, Coulé à Douai le 5 juillet 1765, du poids de 1195 livres, selon les procédés de MM. Berenger, d'un alliage de 100 parties de cuivre sur 11 d'étain.	Avant l'épreuve.	2	»	2	»	2	»	2 »
	750	4	»	7	»	4	»	3 »
	1400	6	6	6	6	7	»	5 6
	2302	10	»	18	»	12	»	9 »
	2615	13	»	21	»	14	6	$\frac{12}{13}$ »
	2715	13	6	22	»	14	6	$\frac{13}{13}$ »
	2900	14	6	24	6	15	6	$\frac{13}{14}$ »
	3000	15	»	25	»	16	»	14 6

24. Observations *sur l'épreuve extraordinaire des pièces de canons du calibre de 8 de campagne.*

Les deux pièces *Jason* et *Apollon* sont sorties de ces épreuves sans avoir perdu leur direction ; sans chambres, sans fouilles et sans autre signe de dépérissement que les évasemens ci-contre, et quelques légers battemens et éraflemens : mais quoiqu'elles ne soient pas considérées rigoureusement comme hors de service, on doit cependant les regarder comme très-fatiguées, et peu propres, après cela, à un service de long cours.

Les deux pièces *le Coq* et *le Rigide* qui, à tous égards, vaudroient les deux premières, sont cependant considérées comme hors de service par la nature, le nombre et l'étendue de leurs fouilles, qui, reconnues le 1er. juin, ayant été estampillées après 3000 coups, ont été trouvées formant chacune dans leurs pièces respectives un groupe de plusieurs fouilles, à peu près semblable, et semblablement situé, au-dessus du logement du boulet, à la hauteur du diamètre horisontal de l'ame, et à la droite de l'observateur, occupant une étendue d'environ le quart de la circonférence, ayant diverses profondeurs, mais dont la plus forte étoit entre trois à quatre lignes. A la fin de l'épreuve, l'affaissement au logement du boulet étoit, pour *le Coq*, de 30 points, et pour *le Rigide*, de 27 points.

En parcourant le tableau ci-dessus, on voit que le logement du boulet n'est devenu sensible dans les quatre pièces qu'à la même époque du tir; c'est-à-dire, qu'après 300 coups, et que de là jusqu'à la fin de l'épreuve, ce logement s'est presque semblablement approfondi, et que les évasemens des ames se sont presque trouvés les mêmes dans les quatre pièces.

On est donc autorisé à conclure que les deux livres d'étain par 100 livres de cuivre que l'alliage des deux pièces *le Coq* et *le Rigide* tiennent de plus que celui de *Jason* et d'*Apollon* (ce qui paroît par l'estime de l'alliage de la première fonte des MM. Poïtevin, à Douay, pour la coulée de ces deux pièces), non seulement étoient inutiles à la durée de ces deux pièces; mais même que ces deux livres de plus ont pu y être préjudiciables, en donnant lieu, par un excès d'étain, aux fouilles considérables qui s'y sont présentées dans ces épreuves; de manière qu'il est au moins probable que le bien du service réclame cette réduction d'étain dans l'alliage des fontes qui sont destinées à la coulée des pièces de bataille.

Il est bon d'observer que si on a remis *le Coq* en batterie le 7 juillet avec les trois autres pièces, malgré les fouilles qu'on y avoit reconnues le 2 juin, ce n'est pas que dès-lors cette pièce ne fût regardée comme hors de service; car il seroit dangereux d'accréditer, par un procès-verbal, sur lequel tout le Corps d'artillerie jettera les yeux, le service d'une pareille pièce, qui donneroit lieu infailliblement à des accidens; mais comme il étoit ordonné de tirer tout le jour possible de ces épreuves, on a voulu connoître quels seroient les progrès de ces fouilles dans la continuation du tir de ces pièces; ce qu'on a pu faire sans danger dans une batterie tranquille, où l'on prenoit toutes les précautions possibles contre tout accident, et où on ne perdoit pas de vue un seul instant les canonniers qui servoient ces pièces.

CALIBRE DE CAMPAGNE DE 4.

25. *Résultat de la dernière visite, établi comparativement avec ceux des visites faites à différentes époques, pour constater les dégradations et dépérissemens successifs que ces pièces ont éprouvées dans leur tir, dans ces épreuves extraordinaires.*

PIÈCES DE CAMPAGNE du calibre de 4.	NOMBRE de coups tirés par pièce.	ÉVASEMENS							
		au fond de l'ame.		au logement du boulet.		a 30 pou. du fond de l'ame.		à la bouche de la pièce.	
		poi.	prim	poi.	prim.	poi.	prim.	poi.	prim.
DANAÉ, Nº. 6, Coulée à Douai le 4 juillet 1786, du poids de 593 livres, selon les procédés de MM. Poitevin, d'un alliage de 100 parties de cuivre sur 9, 3 parties d'étain.	Avant l'épreuve.	2	6	2	6	2	4	2	3
	450	4	6	6	»	5	»	4	»
	1050	6	6	9	»	7	»	7	»
	1400	7	6	9	6	8	»	8	»
	1750	9	»	12	»	12	»	9	6
	2300	12	»	15	»	12	6	13	»
	2800	14	»	18	»	14	6	14	6
	3000	14	»	18	»	15	»	14/16	6
JONE, Nº. 5, Coulé à Douai le 23 juin 1786, du poids de 606 livres, selon les procédés de MM. Poitevin, d'un alliage de 100 parties de cuivre sur 8, 3 parties d'étain.	Avant l'épreuve.	2	6	2	6	2	6	2	9
	450	4	»	6	»	4	6	4	6
	1050	6	6	10	»	6	6	6	6
	1400	8	»	10	»	7	»	7	6
	1750	10	6	12	»	10	»	9	6
	2300	12	»	14	»	11	6	13	»
	2800	14	6	15	6	13	6	14	»
	3000	15	»	19	»	14	»	15	»

Ces 2 pièces n'ayant pas subi l'épreuve ordinaire n'ont pas été repassées.

PIECES DE CAMPAGNÉ du calibre de 4.	NOMBRE de coups tirés par pièce.	ÉVASEMENS							
		au fond de l'ame.		au logement du boulet.		à 30 pou. du fond de l'ame.		à la bouche de la pièce.	
		poi.	prim.	poi.	prim.	poi.	prim.	poi.	prim.
LA FOUGUEUSE, n°. 29, Coulée à Douai le 27 juillet 1786, du poids de 604 livres, selon les procédés de MM. Berenger, d'un alliage de 100 parties de cuivre sur 11 parties d'étain.	Avant l'épreuve,	1	6	2	»	2	»	2	»
	450	4	6	5	»	5	»	5	»
	1050	5	6	7	»	6	»	7	»
	1400	7	6	8	»	7	»	9	»
	1750	9	»	9	»	9	»	11	»
	2300	11	»	12	6	10	6	11	6
	2800	13	»	15	»	13	»	13	6
	3000	13	6	15	»	13	»	$\frac{15}{15}$	6
LA FOLLETTE, n°. 36, Coulée à Douai le 29 janvier 1780, par MM. Berenger, du poids de 603 livres, d'un alliage de 100 parties de cuivre sur 11 parties d'étain.	Avant l'épreuve.	2	»	2	6	2	6	2	»
	450	4	6	6	6	4	6	5	6
	1050	6	6	9	»	7	»	7	6
	1400	7	6	10	»	7	6	8	6
	1750	9	6	12	»	10	»	10	»
	2300	12	»	16	»	11	6	13	»
	2500	14	»	19	»	13	6	14	»
L'HABILE, n°. 49, Coulé à Douai le 17 juillet 1779, par MM. Berenger, du poids de 603 livres, d'un alliage de 100 parties de cuivre sur 11 parties d'étain.	Avant l'épreuve.	3	4	3	4	3	4	3	4
	100	3	4	3	4	3	4	4	»
	300	7	6	18	»	5	6	5	»
	420	7	6	22	»	5	6	5	6
	596	8	3	24	»	15	»	16	6

Dans cette épreuve extraordinaire cette pièce a été servie à boulets roulans.

26. OBSERVATIONS

Sur l'épreuve extraordinaire des Canons de campagne du calibre de 4.

DANAÉ.

Cette pièce est sortie de l'épreuve sans avoir rien perdu de sa direction, et sans autres signes de dépérissement que les évasemens reconnus dans l'ame, quelques légers battemens et éraflemens, et quelques fouilles peu profondes situées en avant du logement du boulet.

JONE.

Cette pièce avoit été coulée à dessein d'une fonte pour laquelle dans la charge du fourneau il n'étoit entré que de vieilles bouches à feu; dans la visite faite, après 1750 coups, on avoit reconnu quelques légères fouilles à 40 pouces du fond de l'ame, qui avoient moins d'une ligne de profondeur, et qui, depuis cette visite, ne se sont ni étendues ni approfondies.

LA FOUGUEUSE.

Cette pièce est sortie de l'épreuve sans autre

dépérissement que les évasemens désignés, avec quelques légers battemens et éraflemens; mais elle a été jugée hors de service par une fouille de 4 lignes de profondeur, 24 lignes de longueur, 5 de largeur au plus fort; elle étoit située à 9 pouces du fond de l'ame, à droite de l'observateur, et un peu au-dessus du diamètre horisontal; il y en avoit une autre un peu en avant de celle-là qui commençoit à se creuser; lorsqu'on s'en est aperçu, on a fait scier la pièce en deux endroits, dont un à 6 lignes de cette dernière fouille, la cassure a montré de l'étain disséminé en particules très-sensibles. Cette pièce avoit conservé toute sa direction.

LA FOLLETTE.

Cette pièce étoit sortie de l'épreuve sans avoir rien perdu de sa direction, et sans autre marque de dépérissement que les évasemens reconnus, et quelques légers battemens et éraflemens, et elle n'a été jugée hors de service qu'aux fouilles qui se sont ouvertes dans la durée de son épreuve, sans lesquelles elle auroit pu rendre encore un bien long service.

L'HABILE.

Cette pièce, coulée de la même fonte que *la Fougueuse* (qui, servie à boulets ensabotés, a tiré

3ooo coups), servie à boulets roulans, n'a pu tirer
que 576 coups; elle avoit perdu sa direction au
570e coup, et c'est sans succès qu'on a mis beaucoup de soin à la pointer les 5 coups suivans;
enfin le 576e coup l'a mise absolument hors de
service : le boulet s'étant cassé à l'endroit du choc,
a éraflé la pièce à vive arette à plusieurs endroits
près de la bouche. Parmi plusieurs battemens considérables il y en avoit un entre autres, et à un
pied de la bouche, qui avoit bossué la pièce à
l'extérieur; elle avoit d'ailleurs plusieurs gersures
sur sa surface extérieure; l'échelle de l'évasement
de son ame, en partant du fond, étoit comme
ci-après, exprimée en points sur sa longueur de
demi-pied en demi-pied.

A 3 pouces du fond, 8 points; à 9 pouces,
24 points; à 15 pouces, 17 points; à 21 pouces,
12 points; à 27 pouces, 14 points; à 33 pouces,
15 points; à 39 pouces, 19 points; à 45 pouces,
24 points, et à la bouche 16 points.

CALIBRE DE CAMPAGNE DE 12.

27. *Résultat de la dernière visite, établi comparativement avec les autres visites faites à différentes époques du tir, pour constater les dégradations et dépérissemens successifs que ces pièces ont éprouvées dans leurs épreuves.*

PIECES DE BATAILLE du calibre de 12.	NOMBRE de coups tirés par pièce.	ÉVASEMENS			
		au fond de l'ame.	au logement du boulet.	a 32 pou. du fond l'ame.	à la bouche de la pièce.
RÉMUS, Nº. 3, Du poids de 1810 liv., coulé à Douai le 20 mai 1786, selon les procédés de MM. Poitevin, d'un alliage de 100 parties de cuivre sur 5, 4 parties d'étain.	Avant l'épreuve.	poi. 1 prim. 6	poi. 1 prim. 6	poi. 1 prim. 6.	poi. 1 prim. 6
	150	17 6	21 6	3 »	1 6
	450	19 6	25 6	6 »	4 »
	750	22 »	29 »	20 6	19 »
	916	23 6	32 »	26 »	{ $\frac{38}{15}$ «
ROMULUS, Nº. 3, Du poids de 1793 liv.. coulé à Douai le 20 mai 1786, selon les procédés de MM. Poitevin : même alliage.	Avant l'épreuve.	2 »	2 »	2 »	2 »
	150	8 6	15 »	3 »	2 »
	450	15 6	27 »	6 »	4 »
	750	21 »	34 »	21 »	{ $\frac{21}{13}$ »
	916	22 6	36 »	36 6	{ $\frac{36}{20}$ »

28. Observations *sur l'épreuve extraordinaire des canons de campagne de* 12, Rémus *et* Romulus.

Ces deux pièces ont été ruinées de la même

manière et d'après le même nombre de coups tirés; déjà, et seulement après 750 coups, on a découvert des gersures sur la partie inférieure de la tulippe, qui annonçoient un dépérissement prochain; et en effet, après 50 coups de plus, elles ont été l'une et l'autre égueulées sur la lèvre inférieure de la bouche; et cet égueulement ayant fait des progrès, les gersures s'étant de plus en plus multipliées et ouvertes, et les pièces n'ayant plus de direction, après les 166 coups tirés dans la dernière séance, et 916 en tout, on a cessé de les faire tirer, les regardant comme hors de service.

Le prompt et uniforme dépérissement de ces deux pièces prouve bien évidemment que, par manque d'étain (5, 4 sur 100 livres de cuivre), leur alliage n'avoit ni la compacité ni la dureté nécessaires à la force de ce calibre; et il ne falloit pas moins que cette épreuve pour subjuguer la prévention qui, portant tout à l'extrême, avoit voulu suggérer qu'on pouvoit faire de bons canons avec du cuivre seul; cet alliage, à ce titre, pour cette coulée du 20 mai 1786, avoit été proposé par un des inspecteurs, M. de Gomer.

PIECES DE BATAILLE du calibre de 12.	NOMBRE de coups tirés par pièce.	ÉVASEMENS							
		au fond de l'ame.		au logement du boulet.		à 30 pou. du fond de l'ame.		a la bouche de la pièce.	
		poi.	prim.	poi.	prim.	poi.	prim.	po.	prim.
LE COURTISAN, N°. 49, Coulé à Douai le 16 juillet 1768, par MM. Berenger, du poids de 1783 livres, d'un alliage de 100 parties de cuivre sur 11 parties d'étain.	Avant l'épreuve.	2	6	3	»	3	»	1	»
	150	3	6	7	6	3	»	2	»
	450	7	6	14	»	5	»	4	6
	750	9	»	16	»	7	6	7	»
	950	11	»	19	»	7	6	7	6
	1200	13	»	20	»	11	9	9	»
	1500	15	»	22	6	13	»	10	»
	1980	18	»	25	6	15	»	12	6
	2400	20	»	27	6	16	6	$\frac{14}{14}$ d	
LE SOUFLEUR, N°. 49, Coulé à Douai le 16 juillet 1768, par MM. Berenger, du poids de 1778 livres, d'un alliage de 100 parties de cuivre sur 11 parties d'étain.	Avant l'épreuve.	2	»	2	6	2	6	1	6
	150	3	6	8	»	2	6	2	»
	450	8	»	16	»	5	»	3	6
	750	11	»	19	6	8	6	8	»
	950	12	»	21	»	11	»	9	»
	1200	13	»	21	»	12	»	12	»
	1500	15	»	24	»	15	»	15	»
	1980	18	»	26	»	17	»	$\frac{24}{26}$ »	

30. OBSERVATIONS *sur ces deux pièces*, LE COURTISAN *et* LE SOUFLEUR.

Ces deux pièces sont sorties de leur épreuve extraordinaire sans autre signe de dépérissement que les évasemens ci-dessus reconnus, qui ne sont pas assez considérables pour les faire regarder comme hors de service, mais comme fatiguées.

CALIBRE DE 16, DE SIÈGE ET DE PLACE.

31. *Résultat de la dernière visite, établi comparativement avec ceux des visites faites à différentes époques du tir de l'épreuve, pour constater les dépérissemens et dégradations successifs que ces pièces ont éprouvés.*

SIGNALEMENT.	NOMBRE de coups tirés par pièce.	ÉVASEMENS			
		au fond de l'ame.	au logement du boulet.	a 30 pou du fond de l'ame.	à la bouche de la pièce.
		poi. prim. 2 »	poi. prim. 2 »	poi. prim. 2 »	poi. prim. 2 »
MÉDÉE, Nº. 2, Coulée à Douai le 13 mai 1786, par MM. Poitevin, du poids de 4170 livres, d'un alliage de 100 parties de cuivre sur 7, 6 parties d'étain.	Avant l'épreuve. 50	Éraflement { à 19 pouces de la bouche, { 4 pouc. de long. 18 lig. de larg. 4 lig. de prof. Battemens { à 69 pouces de la bouche, reconnu le 9 juin. à 94........*idem*........ reconnu le 16 juillet. Le micrometre n'ayant pu être introduit dans l'ame de la pièce, il n'a pas été possible de former l'echelle de l'évasement.			
LA SIRÈNE, Nº. 2, Coulée à Douai le 3 mai 1786, par MM. Poitevin, du poids de 4180 livres, même alliage que *Médée*.	Avant l'épreuve. 75 250 468	1 » 4 » 8 » 13 »	1 » 12 » 15 » 28 »	1 » 1 6 5 » 21 »	1 » 2 » 5 » { 31/16 6/6

SIGNALEMENT.	NOMBRE de coups tirés par pièce.	ÉVASEMENS au fond de l'ame.		au logement du boulet.		à 30 pou. du fond de l'ame.		à la bouche de la pièce.	
		poi.	prim.	poi.	prim.	poi.	prim.	poi.	prim.
L'IMPITOYABLE, n°. 4, Coulé à Douai le 16 juillet 1774, par MM. Berenger, du poids de 4128 livres. Alliage : 100 parties de cuivre sur 11 parties d'étain.	Avant l'épreuve.	4	»	3	6	3	6	3	6
	75	5	»	12	»	3	6	4	»
	250	10	»	15	»	7	»	6	»
	430	14	»	27	»	16	»	$\frac{38}{43}$	$\frac{6}{6}$
LA CONSTANTE, n°. 8, Coulée à Douai le par MM. Berenger, du poids de 4128 livres, d'un alliage de 100 parties de cuivre sur 8, 3 parties d'étain.	Avant l'épreuve.	2	»	2	»	2	»	2	»
	75	4	»	10	»	1	6	2	6
	250	7	»	15	»	5	»	4	6
	475	9	»	21	»	13	»	12	6
	720	12	»	37	»	31	»	$\frac{42}{48}$	»
PALLAS, n°. 5. Coulée à Douai le 23 juin 1786, par MM. Poitevin, du poids de 4230 livres d'un alliage de 100 parties de cuivre sur 8, 3 parties d'étain.	Avant l'épreuve.	»	»	»	»	»	»	»	»
	70	4	»	6	6	3	»	2	6
	250	7	6	15	»	3	»	2	6
	500	9	»	20	»	3	»	5	»
	750	11	»	24	»	3	»	5	6
	825	13	»	25	»	3	»	$\frac{15}{21}$	«

SIGNALEMENT.	NOMBRE de coups tirés par pièce.	ÉVASEMENS							
		au fond de l'ame.		au logement du boulet.		à 30 pou. du fond de l'ame.		à la bouche de la pièce.	
		poi.	prim.	poi.	prim.	poi.	prim.	poi.	prim.
BELLONE, N°. 5, Coulée à Douai le 23 juin 1786, selon les procédés de MM. Poitevin, du poids de 4210 livres, d'un alliage de 100 parties de cuivre sur 8, 3 parties d'étain.	Avant l'épreuve.	»	»	»	»	»	»	»	»
	70	3	»	9	»	3	6	3	»
	250	10	»	15	»	4	»	4	»
	500	12	»	20	»	5	6	5	6
	750	15	»	22	6	6	»	5	6
	1280	19	»	24	»	7	»	5	6
	1600	19	»	24	»	7	»	8	6
	2100	21	6	30	»	9	»	8	6
	2300	23	»	32	6	12	»	9	»
	2690	24	3	33	3	15	»	9	»
	2940	25	»	34	»	15	»	11	»
	3060	27	»	38	»	23	»	11	»
	3200	27	»	35	»	23	»	$\frac{12}{10}$ se confond dans l'égueulement.	
	3350	27	6	37	»	23	»		
	3400	28	»	40	6	26	»		

32. OBSERVATIONS *sur l'épreuve extraordinaire du calibre de 16.*

MÉDÉE.

Au 50°. coup le boulet ayant été cassé dans la pièce, elle a été examinée de suite, et on y a reconnu des éraflemens à vive arrête considérables, qui ont fait douter qu'on pût y introduire un autre boulet de calibre; et, en effet, ce n'est qu'à grands coups de refouloir qu'on parvint après cet évé-

nement à placer un boulet sur la poudre, **qui sor-**
tit comme le précédent en éclats. Cette dernière
circonstance ayant fait juger cette pièce hors **de**
service, elle fut ramenée à l'arsenal.

LA SIRÈNE.

Au 468e. coup cette pièce a été égueulée par
un coup de boulet qui a frappé sur la lèvre inférieure de la bouche, et y a occasionné à l'endroit
du choc plusieurs gersures considérables, dont
les unes intérieures et les autres extérieures ; et
comme on en a reconnu plusieurs autres, à la
vérité moins fortes, situées tant sur la tulipe que
sur la volée, la pièce a été jugée hors de service.

L'IMPITOYABLE.

Au 425e. coup la pièce a été égueulée par un
battement si violent que la bouche en a été dé-
formée ; elle a perdu par cet accident sa direction,
de manière qu'elle a égaré de suite cinq boulets,
malgré qu'on eût mis la plus grande attention à **la**
pointer ; ce qui a déterminé à regarder la pièce
comme hors de service.

LA CONSTANTE.

Au 80e. coup de la dernière séance, et le 710e. de
l'épreuve, on s'est aperçu que la pièce n'avoit

plus de direction, et on s'en est encore plus assuré par les écarts des 10 coups suivans; à cette époque, l'égueulement des coups précédens s'étoit agrandi, ainsi que les gersures qu'on avoit précédemment reconnues à l'extérieur, depuis l'astragale du collet jusques au second renfort; on en a découvert même de plus fortes sur la tulipe, et la pièce a été dès-lors regardée comme hors de service.

PALLAS.

Cette pièce, au 817ᵉ. coup, n'avoit plus de direction; pour essayer s'il seroit possible de corriger ses grands écarts, on l'a fait tirer les 8 derniers coups en enveloppant les boulets dans un sac à terre. Les quatre derniers coups ont été tirés avec la précaution de placer, au moyen de plusieurs bouchons interposés entre la poudre et le boulet, ce mobile en avant de son logement; mais le tout a été sans succès; quatre de ces boulets ont passé de plein fouet au-dessus de la butte, l'ame étoit pleine de battemens, mais sans éraflemens, et la pièce avoit sur son extérieur quelques gersures peu ouvertes.

BELLONE.

Cette pièce, dont la ruine étoit annoncée, après 3350 coups, par un grand nombre de gersures à l'extérieur, et par un égueulement considérable sur la lèvre supérieure, avoit perdu sa direction; et, pour s'en assurer encore mieux, on l'a fait tirer 5o coups de plus avec une attention scrupuleuse à la pointer, mais tout a été sans succès; le logement de la poudre étoit rempli de fouilles considérables; la plus grande avoit 3o lignes de longueur, 7 de largeur et 4 et demie de profondeur. Les autres, situées à l'entour de celle-ci, qui avoient été reconnues après 1840 coups, étoient bien moins prononcées qu'alors, parce que, depuis cette époque du tir, ces fouilles ayant été taries, le logement de la poudre, dans lequel elles étoient situées, s'étoit considérablement évasé; l'égueulement avoit 37 points de profondeur, et une bavure de 3 lignes 6 points de saillie sur la tranche de la bouche; la volée et la tulipe étoient, à l'extérieur, pleines de gersures, effets des battemens qui tapissoient les parois de l'ame de la pièce.

L'échelle de l'évasement de l'ame, en partant du fond, et de six pouces en six pouces, est comme il suit : au fond de l'ame, 28 points, 28—40—33—37—8—14—21—20—20—14—11—20—26—32—57 à la bouche.

CALIBRE DE 24.

33. *Résultat de la dernière visite, établi comparativement avec ceux des visites antérieures à différentes époques du tir, pour constater les dégradations et dépérissemens successifs de cette épreuve extraordinaire.*

SIGNALEMENT.	NOMBRE de coups tirés par pièce.	ÉVASEMENS			
		au fond de l'ame.	au logement du boulet.	à 30 pou. du fond de l'ame.	à la bouche de la pièce.
		poi. prim.	poi. prim.	poi. prim.	poi. prim.
HERCULE, N°. 5, Coulé à Douai le 25 juin 1786, selon les procédés de MM. Poitevin, du poids de 5720 liv. Alliage : 100 de cuivre, 8 , 3 d'étain.	Avant l'épreuve. 70 120 145 175	1 6 6 6 11 6 11 6	1 6 31 » 40 6 45 »	1 6 5 » 7 6 8 6	1 6 4 » 8 » 9 »
		Le micromètre n'a pu être introduit à cause des éraflemens.			
JUPITER, N°. 5, De la même fonte que ci-dessus, du poids de 5730 livres.	Avant l'épreuve. 37	1 6 5 6	1 6 25 »	1 6 10 »	1 6 2 »
LE FAMEUX, N°. 19, Coulé à Douai le 18 janvier 1783 , par MM. Berenger, du poids de 5670 livres. Alliage : 100 de cuivre , 11 d'étain.	Avant l'épreuve. 37	2 » 5 »	2 » 25 »	2 » 8 »	2 6 10 »

SIGNALEMENT.	NOMBRE de coups tirés par pièce.	ÉVASEMENS			
		au fond de l'ame.	au loge-ment du boulet.	à 3o pou. du fond de l'ame.	à la bouche de la pièce.
LE RAYONNANT, N°. 12, Coulé à Douai le 14 décembre 1782, du poids de 5710 liv., par MM. Berenger. Alliage : 100 parties de cuivre sur 11 parties d'étain.	Avant l'épreuve. 70 120	poi. prim. 1 6 6 6	poi. prim. 1 6 25 »	poi. prim. 1 6 6 »	poi. prim. 2 6 3 6
		Le micromètre n'a pu être introduit à cause des éraflemens.			

34. *Résumé de l'épreuve extraordinaire des canons du calibre de 24.*

HERCULE.

Au 165e. coup, cette pièce a commencé à perdre sa direction ; à cette même époque de son tir, on a aperçu des gersures sur la volée ; aux 168, 173 et 174e. coups, les boulets ayant été cassés dans la pièce, y ont causé des éraflemens qui ont mis la pièce hors d'état de pouvoir tirer.

JUPITER.

Cette pièce a commencé d'égarer son boulet au 30e. coup, et a été mise hors de service au 37e. coup, à cause des éraflemens qui y ont occa-sionné les 35e. et 37e. boulets cassés dans la pièce ; le dernier ayant de plus frappé sur l'extrémité de la tulipe, a égueulé et déformé la bouche par une dilacération de métal à vive arrète d'environ 9 lignes de largeur sur 6 de profondeur, et sur environ le tiers de la circonférence de la bouche; l'ame étoit pleine de battemens considérables, et la volée à l'extérieur pleine de gersures.

LE FAMEUX.

Cette pièce a été ruinée positivement de la même manière que la précédente, après 37 coups, par des éraflemens à vive arrète occasionnés par les 35ᵉ. et 37ᵉ. boulets cassés dans la pièce; et l'ame étoit alors si délabrée qu'il n'a pas été possible de former, comme dans aucune de ces quatre pièces, l'échelle de leurs évasemens définitifs; n'ayant pu sonder que quelques battemens, dont un à 29 pouces de la bouche, de 21 points de profondeur, un autre à 51 pouces de la bouche, de 56 points de profondeur, et un 3ᵉ. à 53 pouces de la bouche, de 19 points de profondeur; l'ame étoit tapissée de plusieurs autres battemens moins considérables, et on apercevoit à l'extérieur de la volée une infinité de petites gersures.

LE RAYONNANT.

Cette pièce, après 110 coups, avoit tellement perdu sa direction, qu'à peine dans les 10 coups suivans a-t-on pu en placer un dans la butte; la pièce étoit alors pleine de battemens et de gersures à l'extérieur qui annonçoient un entier dépérissement.

ÉPREUVES EXTRAORDINAIRES ET COMPARATIVES DES MORTIERS DE HUIT POUCES.

35. *Résultat de la dernière visite, établi comparativement avec ceux des visites faites à différentes époques du tir, pour constater les dégradations successives que ces Mortiers ont éprouvées dans le cours de l'épreuve.*

SIGNALEMENT des MORTIERS.	NOMBRE des coups tirés.	ÉVASEMENS			
		à la bouche.		au concours des parties cylindriques et sphériques de l'ame	
		DIAMETRE		DIAMETRE	
		vertical.	horisontal	vertical.	horisontal
MORTIERS à chambre cylindrique.		poi. prim.	poi. prim.	poi. prim.	poi. prim.
MORTIER, n° 17. Coulé en 1775 à Douai, par MM. Berenger, du poids de 599 liv., d'un alliage de 100 parties de cuivre sur onze parties d'étain.	155 330 500 600	20 » 29 » 48 » 64 »	9 » 18 » 23 » 27 »	» » » » 12 » 27 »	» » » » 8 » 27 »
MORTIER, n° 49. Coulé en 1781 à Douai, par MM. Berenger, du poids de 622 liv., d'un alliage de 100 parties de cuivre sur 11 parties d'étain.	141 353 480 600	10 » 18 » 26 » 40 »	3 » 7 » 17 » 30 »	» » » » 4 » 28 »	» » » » » » » »

| SIGNALEMENT des MORTIERS. | NOMBRE des coups tirés. | ÉVASEMENS | | | |
| | | à la bouche. DIAMETRE | | au concours des parties cylindriques et sphériques de l'ame DIAMETRE | |
		vertical.	horisontal	vertical.	horisontal
MORTIERS à chambre cône tronqué selon la forme de M. de Gomer.		poi. prim.	poi. prim.	poi. prim.	poi. prim.
MORTIER, n° 3. Coulé à Douai le 20 mai 1786, par MM. Poitevin, du poids de 581 livres d'un alliage de 100 parties de cuivre sur 5,4 d'étain.	155	1 »	3 »	» »	» »
	355	5 »	6 »	2 »	3 »
	505	16 »	8 »	9 »	3 »
	600	17 »	8 »	10 »	3 »
MORTIER, n° 2. Coulé à Douai le 13 mai 1786, par MM. Poitevin, du poids de 590 livres d'un alliage de 100 parties de cuiv. sur 7,6 parties d'étain.	155	1 »	2 »	» »	» »
	355	3 »	4 »	2 »	2 »
	500	4 »	6 »	7 »	7 »
	600	6 »	7 6	5 »	5 »

(A). DÉGRADATIONS DES TOURILLONS APRÈS 600 COUPS TIRÉS.

	N°s.	Ployement.	Arrachement.	Refoulement.	Ployement.	Arrachement.	Refoulement.
		lig. point.	lig. point.	lig. point.	lig. point.	lig. point.	lig. point.
TOUR.	17	2 »	» 3	3 »	2 »	» 3	3 »
	49	2 6	» »	2 »	3 »	» »	2 »
	3	6 »	5 »	4 »	4 »	4 »	3 »
	2	5 »	3 »	4 »	3 »	3 »	3 »

36. Observations *sur l'épreuve extraordinaire et comparative des Mortiers de 8 pouces, et de ceux de 12 pouces à grande portée.*

———

Mortiers de 8 pouces à chambre cône, tronqué à la Gomer, n°. 3 et 2.

Les dégradations qu'ont éprouvées les deux mortiers de 8 pouces, à chambre cône tronqué (à la Gomer), n° 3, n° 2, sont de même nature, et les ont conduit du même pas au dépérissement. Ce n'est qu'après le 155e coup que l'évasement est devenu perceptible sur la longueur de l'ame, à cette époque il étoit encore imperceptible à la bouche; et ce n'est qu'après le 250e coup qu'on a reconnu un évasement à la naissance de l'arc sphérique de l'ame. Ces évasemens, aux deux extrémités du cylindre de l'ame, se sont successivement accrus uniformément sur toute la longueur du cylindre, et se sont trouvés au dernier, ou au 600e coup, comme dans le tableau ci-contre.

On a découvert, au 57e coup, un arrachement à chaque tourillon, sur leurs parties inférieures et à la jonction des embases, qui leur avoit occasionné un ployement déjà sensible, le métal au-dessous du tourillon avoit été refoulé, et il s'étoit formé une gersure sur le tourillon de droite, dans

la partie supérieure, et à un pouce de l'embase,
dans le mortier n° 3, qui n'a pas sensiblement
augmenté dans le reste du tir; les progrès de cette
dégradation commune n'ont été sensibles qu'au
355ᵉ coup; et de-là, étant devenues plus rapides,
cette dégradation, à la fin du tir, s'est trouvée
comme ci-dessus cottée dans le tableau (A).

Mortiers de 8 pouces, à chambre cylindrique, selon
l'Ordonnance, n°. 17 et 49.

Les dégradations qu'ont éprouvées les deux
mortiers de l'ordonnance, dans cette épreuve
extraordinaire, sont de même espèce et les ont
conduits avec la même force au dépérissement;
ce n'est qu'après le 110ᵉ coup que l'évasement à
la bouche est devenu perceptible; à cette même
époque, cet évasement se réduisoit à rien, en
avançant vers le fond, à la naissance de l'arc
sphérique de l'ame; cet évasement s'est ensuite
successivement accru dans les deux mortiers jusqu'à la fin de leur tir, ainsi qu'on l'aperçoit dans
le tableau ci-contre. Après 330 coups, on s'est
aperçu d'un évasement dans l'un et l'autre mortier, à environ 5 pouces 6 lignes de la bouche, et
dans le sens vertical, effet des battemens de la
bombe; le logement du mobile a commencé à être
bien sensible dans les deux mortiers après 250
coups, et s'est, dans la suite, moins approfondi

qu'allongé, en poussant peu à peu le bourrelet vers la bouche.

Au 110e coup, on a aperçu au mortier n° 49 un commencement d'égueulement, et un au n° 17 après 155 coups; l'un et l'autre sur la lèvre supérieure. Ces égueulemens se sont graduellement élevés jusqu'à la fin de l'épreuve. Après 189 coups, on s'est aperçu que l'orifice de la chambre du n° 17 se déformoit par la fusion, à la manière des fouilles; cette dégradation s'est ensuite étendue sur toute la demi-circonférence supérieure. A cette même époque, l'arrête de ce même orifice, dans le n° 49, a commencé à s'arrondir, et cet arrondissement, qui s'opéroit par le passage du fluide élastique dans la partie supérieure, s'est accru jusqu'à la fin; la partie sphérique de l'ame du même mortier a commencé en même-temps à s'évaser légèrement; mais cet évasement ne s'est pas considérablement approfondi dans la suite. Au 65e coup on s'est aperçu que les tourillons avoient plié, et que le métal en-dessous étoit un peu refoulé. Cet accident aux tourillons s'est à peu près maintenu le même jusqu'au 355e coup, où les progrès, depuis cette époque, devenant de plus en plus rapides, les dégradations ont été portées au point indiqué par le tableau (A).

On ne doit pas être surpris, dans l'épreuve extraordinaire de ces quatre mortiers, du ployement de leurs tourillons, ni des arrachemens qui s'y sont formés à la jonction de leurs embases; parce que ces mortiers ont constamment tiré avec des charges inusitées dans leur service, et qu'en outre, pour obvier à un trop grand recul, on avoit aussi donné aux plate-formes une pente inusitée vers l'épaulement; mais ces mêmes dégradations présentent dans leur différence une vérité qu'il faut faire connoître, savoir: que l'étain, non-seulement durcit le cuivre, mais qu'il augmente aussi sa ténacité, lorsqu'il est combiné avec ce métal dans le rapport en usage dans les fontes de l'artillerie françoise, qui est celui de 100 : 11, puisque les arrachemens aux tourillons, dans les mortiers n° 17 et n° 49, étoient bien moins considérables que dans ceux des n° 3 et n° 2 de MM. Poitevin; quoique ceux-ci fussent coulés d'un alliage moins chargé d'étain, et quoique moins tiraillés, par l'effort de la charge, ainsi que le certifie l'infériorité de leurs portées.

L'expérience a rigoureusement démontré, dans ces épreuves extraordinaires, ce que la théorie avoit annoncé d'avantageux dans l'établissement de la nouvelle forme de mortier, puisque dans ces deux nouveaux mortiers n° 3 et n° 2, il n'y a eu aucun affaissement de métal au logement de la bombe, ni par conséquent aucun battement sur les parois de l'ame, ni égueulement à la bouche, ces causes de dépérissement ne pouvant avoir lieu qu'à la suite de cette première dégradation.

On ne doit pas être surpris aussi, si, malgré la plus grande surface que la bombe, dans ces nouveaux mortiers, présentoit à l'action du fluide élastique, dans l'effort primitif qui déplace le mobile, sa portée a été constamment plus courte que celle des deux autres mortiers, parce que, par le vide qui restoit entre le mobile et la bombe dans les nouveaux mortiers, ce vide étoit au volume de la charge comme 3 : 5; le ressort du fluide élastique ne pouvoit être dans cet effort primitif que les cinq huitièmes de ce qu'il auroit été si ce vide n'avoit pas existé, comme cela étoit dans les anciens mortiers de l'ordonnance.

37. On a fait tirer, par comparaison, à la fin de ces épreuves extraordinaires, deux mortiers de 12, à grandes portées, l'un selon la forme et dimension données par M. de Gomer, et l'autre, d'ancienne forme, à chambre presque cylindrique, selon les dimensions proposées, il y avoit déjà quelques années, par MM. Berenger. Ils ont tiré chacun 12 coups à chambre pleine, contenant 11 livres et demie de poudre. Celui de M. de Gomer a eu constamment la supériorité de portée, quoique le diamètre de son ame fût de 18 points plus fort que celui de MM. Berenger, qui n'avoit pas le calibre de l'ordonnance.

Le logement de la bombe s'étant déjà sensiblement approfondi dans le mortier de MM. Berenger, au neuvième coup il a cassé sa bombe et pareillement au onzième et douzième coups, et il auroit immanquablement cassé toutes les autres, si on avoit continué à le faire tirer, parce que le rétrécissement de son calibre ne permettoit plus à la bombe de sortir de son logement sans bondir et frapper les parois supérieures de l'ame: inconvénient qui n'eût pas manqué de mettre en peu de coups le mortier hors de service, qu'on a remis, après l'épreuve, au calibre de l'ordonnance.

Dans le mortier de M. de Gomer, il y avoit, après l'épreuve, à 3 lignes au-dessous de la jonction de la partie cylindrique de l'ame avec celle du cône tronqué, une cavité ressemblant assez bien au logement de la bombe naissant, qui avoit 13 points de profondeur au plus fort, et qui régnoit sur une étendue de 90 degrés; la partie cylindrique de l'ame étoit légèrement éraflée en-dessus, par le traînement du mobile.

Dans le mortier de MM. Berenger, l'enfoncement au logement de la bombe étoit de 31 points au plus fort, sur une étendue de 60 degrés. Il y avoit un petit égueulement sur la lèvre inférieure, qui avoit 8 points de profondeur et 18 points de saillie sur le plan de la bouche.

Il résulte donc évidemment de cette épreuve, que la trop grande précision dans le calibre du mortier est préjudiciable au service, et que c'est de l'effort primitif qui déplace la bombe, que dépend la portée de ce mobile, puisque, dans cette épreuve, les charges et les bombes étant parfaitement égales dans les deux mortiers, la supériorité de portée a été pour le mortier à chambre cône tronqué, dans lequel a dû se trouver l'effort primitif le plus considérable par une plus grande surface que le mobile présentoit à l'effort du fluide élastique dans cette première pression; parce que, à densité égale, les pressions que les fluides élastiques exercent sur les corps en prise à leurs actions, ou à leurs expansions, sont comme les surfaces pressées.

38. Tous les détails de ces épreuves extraordinaires sont extraits avec exactitude des procès-verbaux qui en constatent la vérité, dont les originaux doivent se trouver aux bureaux de la guerre, et dont copies collationnées sont en mes mains.

Les trois officiers généraux qui présidoient à ces épreuves, avant de se séparer, dressèrent, d'après les instructions du Ministre, un procès-verbal de leurs opérations suivi de leurs opinions motivées sur les résultats de ces épreuves extraordinaires et comparatives, qui certifioient à l'unanimité que le service des trois calibres de campagne étoit très-assuré, et pour la durée de plusieurs actions vives et consécutives, et au-delà de toute crainte; mais que celui des pièces de siége et de place étoit, à leur grand étonnement, très-incertain pour la durée de celui auquel elles sont exclusivement destinées.

D'après ce rapport franc et loyal, la fabrication des pièces de 24 et de 16, fut suspendue jusqu'à nouvel ordre par ordre du Ministre.

39. D'après l'exposé ci-dessus sur l'état de l'artillerie, le Gouvernement, en suspendant la fabrication des pièces de place et de siége jusqu'à nouvel ordre, faisoit un appel tacite au talent des commissaires des fontes royales, qui leur imposoit la tâche qui étoit dans leurs attributions de découvrir les défauts qui s'étoient introduits dans cette importante fabrication, et les moyens d'y remédier, sous peine de la durée de cette suspension, qui, en compromettant leurs intérêts, pouvoit aussi, comme artistes distingués, porter atteinte à leur réputation.

40. Mais le gouvernement n'ayant donné, ultérieurement, aucun ordre aux commissaires généraux des fontes royales, de se livrer à ces améliorations, ils se crurent d'autant plus autorisés, sans doute, à rester à cet égard, dans l'inaction, qu'aux approches de la révolution, la suspension fut levée de force majeure, et pour justifier alors de ma surveillance envers le Gouvernement dans la partie du service qui m'étoit confiée depuis quelques années, je fis imprimer mes observations sur ses épreuves, dans un mémoire qui, jusque-là, n'avoit été que manuscrit et connu seulement des inspecteurs généraux de l'arme.

41. Et comme à cette époque nous étions évidemment menacés d'une guerre très-prochaine, qui ne permettoit pas de remédier avant le commencement des hostilités, au grave inconvénient que ces épreuves extraordinaires avoient découvert, il me parut prudent, pour ne pas donner trop de publicité au mal, de ne faire tirer que cinquante exemplaires de ce mémoire, qui furent de suite distribués dans les bureaux du Ministère et dans ceux de l'artillerie, aux inspecteurs généraux et colonels des corps, comme plus particulièrement intéressés dans cette affaire.

42. Ayant toujours été témoin oculaire et très-attentif par devoir et par zèle pour la vérité, et en consultant toujours les vrais principes dans tout le cours de ces épreuves extraordinaires, je suis resté dans l'intime conviction que, non-seulement tout devoit s'être passé ainsi, mais encore qu'il en seroit toujours de même dans toutes les circonstances de service où des pièces de 16, et surtout des pièces de 24 de cette même fabrication, auroient à fournir dans une action militaire, de la vivacité qu'exige impérieusement un combat de corps à corps, 30 ou 40 coups au plus chacune d'elles, parce que d'après ce qui s'est passé aux épreuves de Douai, la très-grande majeure partie n'ira pas jusque-là.

43. Depuis cette époque, l'expérience ayant malheureusement de plus en plus convaincu les

artilleurs, de l'insuffisance des pièces de gros calibres, par leur trop courte durée dans les actions et les sièges que nos diverses armées ont eu à soutenir, surtout en Espagne, dans les trois années de 1793, 1794 et 1795, par les plus graves inconvéniens éprouvés à raison des fréquens rechanges que cette artillerie, si promptement mise hors de service, nécessitoit au grand mécontentement de l'armée, qu'ils accabloient de fatigue, ayant à transporter à bras d'hommes ces grosses pièces sur des montagnes, d'un accès très-escarpé, et avant nous inaccessibles à cette grosse artillerie, dans les siéges de Saint-Elme, de la citadelle de Rose et du château de la Trinité (*Bouton de Rose*).

44. Ce qui étoit arrivé à l'armée des Pyrénées Orientales, arriva quelques années après à l'armée du Rhin-et-Moselle, commandée par le général Moreau, à la défense mémorable des têtes-de-pont de Kehl et de Huningue, contre le prince Charles; des plaintes furent portées au Ministre de la guerre par le général Eblé, commandant alors l'artillerie en chef de cette armée, contre le commissaire des fontes royales à Strasbourg, sur le peu de résistance qu'avoient montrées les pièces de 16 et de 24, consommées à cette défense avec tant de rapidité et de désordre, ces pièces sortant presque toutes de cette fonderie.

45. Le Ministre d'alors, le général Scherer, désirant prendre ces plaintes en grande considéra-

tion, fut supplié par le commissaire de la fonderie royale de Strasbourg, de se faire représenter le résultat des épreuves extraordinaires de Douai en 1786, et comme le Ministre ne donna pas suite à cette affaire, il est à présumer qu'il trouva dans ces procès-verbaux de justes motifs pour ne pas donner cours à cette plainte, quoique bien fondée de la part du général Eblé.

46. On ne peut se dispenser sans doute de reconnoître dans l'exposé du résultat de ces épreuves extraordinaires de 1786, que quoique les épaisseurs des pièces de canon soient par l'ordonnance proportionnelles aux diamètres des boulets, la résistance diminue cependant à mesure que le calibre augmente; cette vérité palpable par la comparaison de la durée des pièces de campagne, à celle des pièces de place, n'est pas moins évidente par la comparaison de la durée de ces pièces entr'elles; car si l'effort destructif avoit été le même, premièrement dans les deux différens calibres de 4 et de 8, les dégradations auroient dû être mieux marquées à même nombre de coups tirés dans les pièces de 4, que dans celles de 8, à raison du plus grand degré de chaleur que le métal a dû supporter dans ces premières, puisqu'elles ont tiré en onze séances les 3000 coups que les autres n'ont tiré qu'en dix-huit; mais au contraire, malgré ce désavantage, les pièces de 4 n'ont éprouvé constamment, à même nombre de coups,

qu'un moindre affaissement de métal au logement
du boulet; ce qui dénote incontestablement une
moindre pression sur les mobiles, à raison d'un
moindre temps à chaque coup par moins de longueur d'ame que les parois de l'ame et le mobile
sont exposés à l'action pénétrante de la flamme de
la poudre, tandis qu'au contraire l'évasement au
logement de la poudre, s'est constamment trouvé
à même nombre de coups, plus grand dans les
pièces de 4, que dans celles de 8; parce que cette
dernière dégradation tient plus à la causticité des
parties constituantes de la poudre enflammée, et
à la calcination du métal, à raison du degré de
chaleur qu'il éprouve dans la pression du fluide
élastique; secondement, cette infériorité de résistance du calibre de 12 sur celui de 8, n'est pas
moins bien marquée, puisqu'après 250 coups seulement, l'affaissement du métal dans les pièces
de 12, au logement du boulet, étoit de 6 points
dans *le Courtisan*, et de 6 points 6 primes dans *le
Soufleur*; tandis que cet affaissement n'étoit après
300 coups, dans les pièces de 8, que de 3 points
6 primes dans *le Rigide*, et que de 3 points dans
le Coq.

47. Il est très-évident que dans notre système
actuel de fabrication, qui ne comprend que les individus coulés à différentes époques par M.M. Berenger, même avec les défauts de combinaison
qui se rencontrent dans l'alliage, et qui donnent

lieu à ces fouilles destructives, la durée des pièces de campagne servies à boulets ensabottés, condition essentielle du système de l'artillerie de campagne, est fort au-dessus de ce que peut exiger un service de guerre des plus actifs; puisque cette résistance exigible n'a été évaluée qu'à 1000 ou 1200 coups au plus, à Strasbourg en 1768.

48. Il n'est pas moins vrai que dans les pièces de 16 et de 24 destinées l'une et l'autre à l'attaque et à la défense des places, la résistance est fort au-dessous de ce que peut exiger le service, puisque la durée si courte de ces quatre dernières pièces prises sans choix dans notre système actuel de fabrication, à diverses époques dans l'arsenal de Douai, impliquent nécessairement dans le même résultat tous les individus de ces deux mêmes calibres; d'autant que l'augmentation de l'affaissement du métal au logement du boulet, en raison de l'augmentation du calibre, après un même nombre de coups tirés, et l'uniformité de cet affaissement dans un même calibre, si bien prononcé dans celui de 24, prouve bien que cette dégradation primitive, et la source de toutes les autres, est l'effet d'une cause constante qui croît avec le calibre.

49. Quelles sont donc les causes qui concourent ainsi si rapidement à diminuer cette résistance, et à accélérer la ruine des pièces de gros calibre? Et quels sont les moyens, sinon d'équilibrer en-

tièrement cette résistance, du moins de diminuer la grande disproportion qui existe par le fait entre la durée des petits et des gros calibres? Pour donner à chacune de ces deux questions importantes une réponse satisfaisante, il faut d'abord tâcher de résoudre la première avec beaucoup de clarté, afin d'en tirer quelques lumières pour arriver ensuite avec plus de facilité à la solution de la seconde.

50. Nous supposerons ici préliminairement que lorsqu'on s'est déterminé à réduire la fonte verte à l'usage des bouches à feu aux deux seules parties constituantes du cuivre et de l'étain, ce n'a été sans doute que d'après des expériences bien faites par les gens de l'art, qu'on s'est fixé au rapport exclusif de 100 parties de cuivre pour 11 parties d'étain, comme donnant à la fonte en même temps et le plus de nerfs et la plus grande dureté possible, d'après la nature de ces deux métaux; de manière que plus d'étain pourroit en énervant la fonte la rendre cassante; et qu'au contraire moins d'étain pourroit la rendre moins dure, ce qui rendroit les battemens des boulets plus profonds et plus dommageables, en ayant égard même à ce que la chaleur du tir peut lui faire perdre de cette qualité si essentielle.

51. Pour mettre en évidence toutes les causes qui, dans le tir des pièces de canon, concourent à diminuer leur résistance dans notre système actuel de fabrication, à mesure que le calibre

augmente, et contribuent à accélérer la ruine des gros calibres, il faut examiner bien attentivement comment la poudre enflammée, relativement à la nature de ses principes constituans, tend à opérer la ruine des bouches à feu, 1°. comme caustique, 2°. comme agent ou force dilaniatrice.

La poudre enflammée, dans le tir des bouches à feu, attaque comme caustique le métal formant les parois de l'ame, par l'action corrosive de presque toutes ses parties constituantes, qui se trouvent dégagées dans l'explosion. Cette cause, dont les effets ne deviennent perceptibles qu'à la longue par une augmentation spontanée du diamètre de l'ame des bouches à feu, opère cependant cet évasement d'autant plus vîte, que la matière des bouches à feu en prise à son action dans le tir a plus d'affinité avec les caustiques qui l'occasionnent; d'où il suit, ainsi que le manifeste journellement l'expérience, que le canal de la lumière foré dans une masse de cuivre pur, incorporée à chaud ou à froid dans le corps du canon, résiste bien plus à la force de la poudre dans le tir que lorsqu'il est foré dans la matière même de la pièce de canon; parce que l'étain, qui dans ce second cas est partie constituante de la fonte, résiste beaucoup moins que le cuivre à l'action corrosive et dissolvante des fluides qui se dégagent dans l'explosion de la poudre.

52. Pour ne laisser aucun doute sur l'énergie

de cette première cause destructive des pièces de canon, il suffit de remarquer ce qu'on voit habituellement dans l'épreuve ordinaire de réception des bouches à feu, parce que cette circonstance est plus favorable à cet effet, le métal s'y trouvant sous son brillant métallique.

Lorsqu'après les quatre coups d'épreuve ordinaire que les pièces de canon ont subie, on a fait aussi l'épreuve de l'eau, on s'aperçoit que celle qui y a été employée a pris une couleur sensiblement verte, à raison des nitrates et sulfates de cuivre, qui s'étoient formés sur les parois de l'ame, et qu'elle a dissous; et en évacuant cette eau de l'intérieur des pièces, on observe sur leurs parois un précipité blanc, qui n'est autre chose qu'un oxide d'étain, par l'acide nitrique, d'autant plus abondant, que ce métal s'est trouvé en plus grande quantité dans l'alliage des pièces de canon.

53. Il est à observer que cette action corrosive, sur les parois de l'ame des bouches à feu, est d'autant plus active dans ses effets, à chaque coup de canon, toutes choses égales d'ailleurs, qu'elle s'y fait sentir plus long-temps; ce qui, indépendamment d'une plus grande longueur d'ame qui croît avec le calibre, dépend encore de ce que le mobile, qui par son poids modifie derrière lui la vîtesse d'expansion du fluide élastique qui le pousse vers la bouche, doit l'y retenir plus long-temps, à raison du poids du boulet, dans la pièce de 24

que dans la pièce de 16, et dans celle-ci, plus que dans la pièce de 12, ainsi de suite.

54. Le calorique, principe constituant de la poudre, devenu par l'explosion de la charge dans l'ame de la pièce, calorique rayonnant, dont les métaux surtout sont très-avides, comme conducteurs de la chaleur, la fonte perd nécessairement dans le tir, par cette espèce d'imbibition très-abondante de chaleur, une partie de sa force de cohésion qui concouroit à toute sa dureté; de là vient que toutes choses égales d'ailleurs, et à même nombre de coups, le refoulement de la fonte qui résulte des battemens des boulets, est d'autant plus considérable à cet égard dans les gros calibres, que cette cause extraordinaire de ramollissement qu'elle éprouve dure davantage à chaque coup, ainsi que je l'ai observé ci-dessus.

55. La poudre enflammée en qualité de fluide élastique tend par sa force éminemment expansive à écarter, fouler et presser tout ce qui, aux environs de son action, s'oppose à son expansion, et cet effort dilaniateur, qui toujours impuissant sur les canons de fonte verte, par la force de cohésion de cette alliage sous le rapport prescrit de 100e : 11e et sous l'épaisseur primitive, égale au diamètre du boulet, fait souvent voler en éclats les canons de fonte grise, à l'usage de la marine, sous les mêmes épaisseurs et même plus fortes, et à la charge commune, au tiers du poids du

boulet, parce que la fonte de fer, par sa nature, n'a pas toujours rigoureusement la même adhérence dans toutes ses parties; et ce cruel accident est d'autant plus à craindre, mais seulement dans cette dernière espèce de pièce, que toute chose égale d'ailleurs, le calibre est plus considérable à raison des plus grandes surfaces pressées.

56. Quelque véhémente et rapide que soit l'action, qu'une force en mouvement exerce sur un corps en repos, quelque petit qu'il soit, elle exige néanmoins le concours du temps pour avoir un effet sensible dans son motif, et la résistance que le corps en repos oppose à ce concours contre son premier déplacement, est ce qu'en mécanique, on appelle la force d'inertie du corps en repos.

De-là vient que le fluide élastique, produit par l'inflammation de la charge de poudre dans une pièce de canon, devance toujours le boulet avant d'avoir pu vaincre sa force d'inertie, qu'il aggrave même en y passant par dessus, ce qui donne lieu, dans le tir des bouches à feu en général, à un effet inévitable dans leur service, désigné dans l'artillerie par l'expression de logement de boulet, qui indique son siége. Cet effet, pour l'ordinaire inappréciable dans les premiers coups, où la fonte jouit de toute l'énergie de ses facultés, devient sensible quelques coups après, sous la forme d'une cavité elliptique, précisément à l'endroit où pose le boulet avant le tir; et dès l'instant qu'elle existe, elle devient la cause, d'autant plus énergique de la ruine des bouches à feu sur lesquelles elle a pris naissance, qu'elle donne lieu, dans le service subséquent, à toutes les diverses dégradations connues des pièces de canon, et qui ont toutes été énumérées dans les procès-verbaux ci-dessus, comme ayant eu lieu dans les épreuves extraordinaires dont ils donnent les détails.

57. Je dois faire observer ici que, puisque cet effet, si pernicieux à la durée des pièces, est dû à la pression que le fluide élastique exerce de haut en bas sur la surface supérieure du mobile, cette pression instantanée doit avoir un effet d'autant plus prompt que le calibre est plus gros.

58. Lorsque le logement du boulet, par un service quelconque de la pièce de canon, est déjà établi, le mobile ne peut plus, comme dans les premiers coups, se diriger en bonne direction sur les parois de l'ame, en les rasant dans sa marche jusqu'à la bouche de la pièce, puisqu'il est forcé à l'impulsion primitive du fluide élastique qui tend à opérer son premier déplacement, de sortir de cette cavité où il est logé, en se dirigeant de bas en haut le long de la tangente de cette cavité, en bondissant vers les parois supérieures de l'ame de la pièce, qu'il atteint et qu'il frappe, si la profondeur du logement est déjà suffisante à cet

effet, d'abord près de la bouche de la pièce, et
ensuite plus en arrière, ou plus approchant de
la culasse, à mesure que, par la continuité du
tir, le logement du boulet s'approfondit encore;
et cette percussion du boulet sur les parois de
l'ame y laisse à chaque coup, par l'imperfection
du ressort de la fonte, un refoulement de métal
curviligne de forme elliptique, qu'on désigne
par l'expression dans l'artillerie de battement de
boulet.

59. A vitesse égale de la part des mobiles, les
battemens ont des effets en raison de leur pesanteur; ils doivent être bien plus violens et destructifs dans les calibres de 24 que dans ceux de 16,
et dans ceux-ci plus que dans ceux de 12, et ainsi
de suite.

60. Non-seulement les battemens des boulets
sont plus forts et plus destructifs à mesure que le
calibre augmente, mais ils y sont plus précoces
dans le même rapport, ce qui devient sensible par
le raisonnement suivant :

Supposons qu'après un nombre de coups tirés,
le boulet de 24 a déjà rendu sensible le plan incliné qu'il forme pour l'ordinaire en se traînant
sur les parois inférieurs de l'ame à la sortie du logement du boulet, et que ce plan est même déjà
assez élevé pour que le boulet, dirigé par dessus,
puisse déjà atteindre et frapper les parois supé-

rieurs de l'ame vers la bouche de la pièce. Comme, par l'ordonnance, les quatre calibres de place et de siége ont un même vent de 18 points, il est évident que la pièce de 16, sous une même et pareille dégradation, n'auroit encore rien à craindre des battemens du boulet, puisqu'ayant moins de longueur d'ame que la pièce de 24, et ayant cependant le même vent, son boulet roulant sur un plan semblablement incliné, sortiroit de la pièce de 16 sans avoir pu atteindre les parois supérieures de son ame; et à plus forte raison si, par un moindre effort à soutenir, comme nous l'avons dit ci-dessus (57), ce plan incliné, après un même nombre de coups, se trouvoit moins élevé dans cette pièce de 16 : d'où il suit que les pièces de 12 et de 8 de place, par les mêmes raisons, seroient, à même nombre de coups, encore bien plus éloignées des effets destructifs des battemens de boulet.

61. En récapitulant maintenant les désavantages accumulées sur les gros calibres, que nous présente la théorie, on ne sera pas surpris de voir par l'expérience, sous un même alliage, comme le constitue notre système actuel de fabrication, et sous des épaisseurs graduellement plus fortes à raison du calibre, la résistance cependant diminuer à raison que le calibre augmente.

62. Le premier desir des personnes qui liront

ce mémoire sera sans doute d'y apprendre, si cette disproportion de résistance , qui , d'après ces épreuves extraordinaires, atténue si fort la durée des pièces de siége et de place, est un effet forcé dépendant en totalité de leurs dimensions, ou a été aggravé en partie depuis les dernières guerres de Flandres, par quelque innovation inconsidérément introduite dans la fabrication , sans préalablement avoir été sanctionnée par l'expérience.

63. A en juger par le grand étonnement que témoignèrent les quatre Officiers-généraux qui présidoient à ces épreuves, sur le peu de résistance et les très-courtes durées des pièces de 16 et surtout de 24; il paroît que leur jugement a été motivé sur cette circonstance, puisqu'ils apprécièrent alors la durée des pièces de ce même calibre dans les dernières guerres de Flandres, non loin de cette époque, à 1200 ou 1300 coups par individu.

Mais tous les officiers d'artillerie savent parfaitement que, dans les siéges mémorables qui ont eu lieu dans cette guerre, les pièces de 16 et de 24 qui les ont faits, n'ont presque tiré qu'à ricochet, moyen nouveau mis en pratique à cette époque, pour détruire les feux de la place plus complétement et bien plus promptement que par le tir ordinaire, en économisant même les munitions et ménageant les pièces et leur affût par des charges de poudre, variables entre 12 à 15 onces de poudre.

64. Or il n'y a rien d'étonnant qu'alors ces pièces ne pussent tirer, par individu, 1200 à 1300 coups en bonne direction à un pareil service, tandis qu'à charge pleine, elles n'en tireroient que beaucoup moins, ainsi que cela est arrivé aux épreuves de 1786; et, postérieurement, aux armées de la révolution où il n'a plus été possible, faute d'instruction à cet égard, d'y introduire l'art sublime du ricochet, si expéditif et si économique.

65. Car dans ce service bien loin que les charges, et sur-tout les boulets, puissent considérablement fatiguer les pièces en batterie, on pourroit dire, avec vérité, que le boulet les dispose plutôt à un meilleur service à charge pleine, en donnant pour conduire d'avance les parois de leurs armes par des frottemens et battemers légers, qui en les durcissant et les rendant plus denses et plus fermes, les rendent plus propres à soutenir l'action directe du colorique rayonnant.

66. Bien loin d'avoir imité ces artistes dans cette blâmable insouciance, depuis ces épreuves dénonciatrices, je n'ai rien négligé au contraire de tout ce qui étoit à ma portée pour divulguer et faire connoître aux Ministres de la Guerre et aux Généraux surtout, comme plus intéressés dans

cette affaire, pour les mettre en garde contre la foiblesse de ces armes défectueuses dans les occasions où ils auroient à les employer, en les engageant à se prémunir, par un nombre d'individus au-delà du nécessaire ; et on doit trouver assurément, dans les bureaux de l'artillerie du ministère de la guerre, des réclamations fréquentes de ma part sur cet objet, dans toutes ces diverses époques.

67. Et si, depuis notre heureuse restauration, j'ai tardé jusqu'aujourd'hui, à rappeler au Gouvernement ce qui lui en a déjà coûté en 1786, pour acquérir la connoissance de l'état fàcheux, alors seulement présumé, où se trouvoit l'artillerie de siége et de place, après un si long abandon, c'est que j'ai cru devoir, par anticipation, fortifier cette preuve de mon zèle de tout ce qui peut me servir, non-seulement à prononcer judicieusement sur les causes et les effets qui ont pu abatardir ainsi la grosse artillerie, mais encore à pouvoir produire les moyens les plus assurés d'amélioration par les principes : me croyant d'autant plus fondé dans cette réussite, que, par mes fonctions dans les épreuves extraordinaires de 1786, j'ai été le témoin sans prévention, que l'expérience a dû mettre plus complétement et sans réserve dans sa confidence, par les dispositions les plus favorables où elle m'a trouvé à les entendre, ayant eu précédemment à la consulter dans

l'art de fabriquer les bouches à feu, pendant 18 années; et je dois déjà à cette circonstance la satisfaction de pouvoir annoncer, soit qu'il faille construire ou réparer, des dispositions dans les moyens, aussi efficaces qu'elles tendent à l'économie la plus consolante.

68. Comme les effets ne sont jamais sans cause, et puisqu'ils se manifestent ici en mal, et plus fortement même sur les gros calibres que sur les petits, j'ai dû considérer comme une réduction favorable à mes recherches, toute innovation introduite ostensiblement dans la fabrication des bouches à feu depuis les guerres de Flandre jusqu'à l'époque des épreuves de 1786, dont l'influence en bien n'aura pas été préalablement sanctionnée par l'expérience en général sur les divers calibres, et telle est à cet égard la machine à forer introduite dans la fabrication en 1748 exclusivement.

69. L'introduction de cette machine inventée et mise en pratique par M. Maritz, est, il faut en convenir, par elle-même, la plus importante et la plus heureuse qui ait pu être introduite dans cette fabrication, puisqu'elle y a apporté bien plus de promptitude, plus de facilité et de précision dans l'exécution; mais il n'en est pas de même de la méthode qui ne lui est pas exclusive de couler plein, qu'on a cependant exclusivement associée à son exécution, comme un moyen de perfection

pour concourir d'une manière plus assurée à l'amélioration de la fabrication des canons, à laquelle ne pouvoit atteindre le coulage à noyau, par la difficulté jusqu'alors invincible, vu la longueur des pièces, surtout dans les gros calibres, d'assujétir ce noyau dans le moule, pendant sa cuite et recuite, et ensuite dans la coulée, dans une situation imperturbablement concentrique à l'axe du moule, ainsi que l'exige impérieusement cette manière de couler.

70. En réfléchissant sur l'importance de ce changement, on a de la peine à se persuader que cette nouvelle méthode de couler, quelque séduisante qu'elle ait paru dans ses moyens, mais cependant si différente de la première, tant par ses procédés que par ses influences, ait été adoptée sans qu'il ait été préalablement bien constaté par des expériences décisives, si l'avantage qu'elle présentoit par des formes plus régulières, et précises dans l'exécution, pouvoient compenser les désavantages qui pouvoient en résulter, tant par *de plus* grands frais dans la fabrication, que par moins de résistance et de durée dans le service des bouches à feu.

71. Il n'existe rien d'écrit à cet égard, à moins que l'expérience dont Dulacq fait mention dans son mécanisme de l'artillerie, imprimé en 1751, doive se rapporter, sans que cet auteur le dise

lui-même, à des pièces forées, M. Maritz étant pour lors fondeur à Lyon.

Dulacq rapporte seulement que deux pièces de canon dont il ne donne pas même le calibre, coulées à Lyon cette année (vraisemblablement 1741), avoient tiré chacune 1500 coups, au tiers et à la moitié du poids du boulet; il assure les avoir vues, après cette épreuve, encore en très-bon état; mais il laisse ignorer une chose bien intéressante, en ne faisant pas connoître en combien de séances elle avoient tiré ces 1500 coups; quoiqu'il donne à entendre qu'elles avoient été servies assez légèrement.

72. Auroit-on pu croire alors que l'alliage, les formes et les dimensions des pièces de canon restant les mêmes, cette nouvelle manière de les couler, ne pouvoit apporter aucune altération sensible dans leur tir, à la résistance de leur matière.

Que des particuliers étrangers à l'art aient pu être induits à erreur, il n'y auroit rien d'étonnant à cela; mais pourroit-on croire que M. Maritz, fondeur distingué, et visant à la célébrité, pouvoit se dissimuler le tort que cette manière de couler apportoit visiblement à la résistance et à la durée des bouches à feu; car il ne pouvoit ignorer ce que sait l'ouvrier le moins expérimenté dans cette profession, que les métaux naturellement solides dans l'emploi qu'on en fait dans les arts, perdent par la fusion où les amène un grand degré de chaleur, une partie de leur volume qu'ils reprennent par le refroidissement, en redevenant solide; or, dans ce dernier changement d'état que subissent les métaux, lorsqu'ils sont comme ici coulés dans des moules, la déperdition de chaleur qui amène le refroidissement, se faisant par la surface extérieure des moules, il résulte de là que le métal se solidifie d'abord par couches concentriques sur la surface intérieure du moule, qui s'y juxtaposent parfaitement à la faveur d'une force considérable d'extension qu'exerce le métal du centre, à la circonférence de la masse encore liquide, à mesure qu'il reprend le volume qui constitue sa pesanteur spécifique.

Et successivement par d'autres couches de matières concentriques, que l'affinité d'agrégation attire les unes sur les autres, à mesure qu'elles se forment par le refroidissement, le plein se forme en avançant vers l'axe du moule, où il se complette par l'épuisement de la matière liquide.

73. Il est sans doute bien aisé de concevoir, d'après la manière ci-dessus, suivant laquelle s'opère par le refroidissement dans le moule, la masse métallique qui doit former le canon, que la densité de cette masse n'est pas uniforme, mais qu'elle varie de couche en couche concentrique, dont nous pouvons la supposer composée, en diminuant depuis la surface extérieure où doit se

trouver le plus grand degré de densité et de dureté, en avançant vers l'axe de la masse où doit se
trouver au contraire le minimum; puisque pendant tout le temps que dure dans le moule ce
changement d'état de la matière liquide, la force
considérable d'extension que lui procure la disposition naturelle, à augmenter son volume à raison
de sa pesanteur spécifique, n'a cessé d'agir avec
la même force, et dans le même sens, du centre
à la circonférence sur cette matière nouvellement
solidifiée, et encore dans un état d'incandescence
et de mollesse dans le moule, qui ne peut manquer
de la rendre susceptible de céder sensiblement à
cette force, dont l'effet est de comprimer chaque
couche, pour ainsi dire élémentaire de la masse,
d'autant plus que par sa position dans l'ordre de
ces couches élémentaires, elle l'aura supporté
plus long-temps.

74. Cette pression dont nous nous appuyons ici,
est si bien reconnue dans les arts, que dans celui
de jetter les métaux en moule, elle est considerée
même dans les plus petits moules, comme la cause
la plus efficiente de ressemblance (*en gravure*).

75. D'après ce véridique exposé, basé sur la
nature des métaux, il doit être bien facile, même
au moins clairvoyant sur cet objet, qu'une opi-
niâtre prévention cependant n'offusque point, d'a-
précier l'influence que cette manière de couler
doit apporter en moins dans la durée des pièces de

canon; puisque nous venons de démontrer que
dans cette nouvelle méthode de couler, la densité
de la matière varie de la surface extérieure du canon où se trouve son maximum, en diminuant de
là de couche en couche, en avançant vers l'axe du
canon où se trouve le minimum de densité.

76. Or, le forage qui est le résultat de cette méthode de couler plein, en évidant la masse coulée
d'un cylindre creux concentrique à son axe, formant tant par son diamètre, que par sa longueur,
le volume de l'ame du canon, établit nécessairement, par cette opération, les parois de cette ame
sur la couche élémentaire de la matière la moins
dense et la moins dure, puisque de là, la densité
de la matière augmente progressivement de couche en couche jusqu'à la surface extérieure du
canon; ce qui est évidemment contraire à la résistance et à la durée du canon, puisque c'est sur
ces parois de l'ame du canon, que dans son tir,
le fluide élastique enflammé de la poudre, se dé-
veloppe, que l'effort dilaniateur s'appuie; que
c'est-là que viennent exclusivement aboutir les
coups destructifs du mobile avec toute la force
acquise, ce qui contraste bien évidemment avec
trop de désavantage, pour n'être pas apperçu avec
l'ancienne méthode de couler à noyau, dans laquelle par l'interposition du noyau, les parois de
l'ame devenant écorce de la masse solidifiée, pren-
nent au même titre, comme la surface de la masse

solidifiée dans la nouvelle méthode, la plus grande densité et la plus grande dureté dont cet alliage peut être susceptible.

77. On peut d'ailleurs reconnoître l'opinion que s'étoit formée M. Maritz, sur la dureté de l'alliage, d'après cette nouvelle méthode de couler, qu'il avoit adoptée, par les précautions auxquelles contre l'usage, il avoit cru devoir recourir pour se mettre à l'abri des accidens dont il avoit rendu garant, sous peine de rebut, les commissaires des fontes, par le règlement dont la confiance du Gouvernement l'avoit établi rédacteur; qui prescrit, article 358, que les canons de tous les calibres ne seront forés pour l'épreuve ordinaire de réception, qu'à un diamètre de l'ame, de 10 points au-dessous du calibre de réception, afin de pouvoir enlever après l'épreuve, par le repassage, qui met la pièce à son véritable calibre, tous les refoulemens de matière que les coups de l'épreuve auront pu occasionner, soit au logement du boulet, ou sur tout autre endroit des parois de l'ame, par des battemens du mobile; de manière que par ce règlement qui, à ce que je crois, existe encore, il est accordé pour deux coups seulement d'épreuve, qui doivent constater de la dureté requise dans l'alliage, 5 points de remède à la loi; je dis deux coups seulement, car quoique les canons tirent quatre coups à leurs épreuves, dont deux au tiers du poids du boulet, et les deux derniers

aux deux tiers ; le boulet cependant par l'inégalité de ces deux charges, ne portent que deux coups de suite sur le même point des parois de l'ame.

78. Cet article du règlement contre lequel se sont d'abord si fort récriés les fondeurs, comme devant les constituer à des frais considérables, en leur dérobant un temps employé, non-seulement au repassage, mais à tout celui qu'exige la manœuvre nécessaire pour monter et descendre les pièces sur la machine à forer ; mais par la suite, il a paru, à cet égard, si favorable aux commissaires des fontes, que, le considérant comme une précaution tutélaire contre les accidens de l'épreuve, ils ont reclamé au moins avec autant de persévérance, pour que le repassage eût lieu après l'épreuve, à l'égard de toutes les bouches à feu forées.

79. Il est bien certain qu'autrefois, et même qu'à l'époque encore de l'ordonnance de 1732, l'alliage des bouches à feu étoit plus composé que celui d'aujourd'hui, puisque le zinc, par l'entremise du laiton, étoit partie constituante de l'alliage. Il est bien à présumer que c'est à l'introduction du forage dans la fabrication des bouches à feu, qui a eu lieu en 1748, qu'on doit rapporter la réduction de l'alliage à ses deux seules parties constituantes le cuivre et l'étain; en observant cependant que les fontes qui ont eu lieu quelque temps après

cette réduction, ne pouvoient que se ressentir sensiblement des influences de ce métal, qui devoit nécessairement y être introduit par de vieilles bouches à feu à refondre, dont on alimentoit encore les charges des fourneaux; nous devons donc considérer l'alliage des pièces de canon consommées dans les guerres de Flandres comme tenant encore du zinc, avec d'autant plus de raison que la fonderie de Douai, qui en a fourni la plus grande partie, n'a été soumise au forage et à ses influences qu'en 1748; nous avons donc à examiner si cette réduction est digne d'éloge ou susceptible de blame.

80. Le zinc a, avec le cuivre, bien plus d'affinité que l'étain, puisqu'il se combine presqu'en toute proportion avec lui sans lui enlever son nerf et sa ductilité, et il a, comme l'étain, la propriété de le durcir considérablement; l'étain divise au contraire le cuivre, et ne se combine bien avec lui, surtout à grande dose, que par un grand dégré de chaleur; faute de ce, il forme dans la fonte, en se refroidissant, ces espèces de grumeaux de matière mal combinée, qui donnent lieu, dans le service, à ces fouilles destructives et à ces sifflets qui n'ont paru, de l'aveu des commissaires des fontes royales, que depuis peu dans les bouches à feu. Le zinc a d'ailleurs, avec l'étain, beaucoup d'affinité, et peut, par-là, servir d'intermède, et déterminer, dans une circons-

tance peu favorable à la combinaison, comme par un manque de chaleur, le cuivre et l'étain à s'allier d'une manière plus prompte et plus intime.

81. La proscription du zinc de nos fontes n'est donc pas fondée, n'étant établie ni sur aucun principe de théorie, ni sur aucun résultat de l'expérience; et il est bien aisé de s'appercevoir qu'elle n'a été donnée qu'à la demande des fondeurs auxquels ce demi-métal, n'étant vraisemblablement pas connu par ses bonnes influences, inspiroit des craintes par sa grande volatilité, relativement à un trop grand déchet.

82. Ce raisonnement, tendant à faire rentrer le zinc dans nos fontes, n'est pas simplement conjectural, mais puissamment étayé de l'expérience. Il a été fait, en 1780, à la fonderie de Douai, une épreuve ordinaire et extraordinaire sur une pièce de campagne de 4, coulée d'un alliage de 1200 livres de cuivre rouge, et de 73,2 livres de zinc, en saumon; ce dernier métal étoit à peine coulant lorsqu'il fut projetté sur le cuivre, à peine en bain aussi; cependant, malgré ces circonstances défavorables à la combinaison, l'alliage fut très-exact et très-intime, la pièce très-bien coulée. La cassure de la Masselotte ne montra aucune molécule isolée du zinc, la couleur de cette cassure étoit citron pâle; la pièce, après avoir subi parfaitement l'épreuve ordinaire, fut poussée à bout, et tira, en trois séances, 725 coups à boulets rou-

lans, et pris sans choix dans la butte. La pièce, après l'épreuve extraordinaire, se trouva considérablement évasée, et l'ame tapissée de battemens et d'éraflemens du boulet, à la vérité plus nombreux que profonds.

C'est sans doute bien plus qu'on ne devoit attendre de la durée d'une pièce de canon servie avec aussi peu de mesure et de précaution; et coulée d'un alliage dans lequel le zinc étoit entré en trop grande quantité pour ne pas y apporter, dans un service forcé, quelques mauvaises influences.

83. Cette épreuve que je produis ici, quoique faite à d'autres fins se trouve cependant si favorable, au raisonnement précédent, qu'elle doit non-seulement rassurer contre la supposition du mauvais effet du zinc dans les fontes des bouches à feu, mais parfaitement convaincre sur les bons effets qu'il doit y produire, puisque cette pièce, d'un alliage trop chargé de zinc, a cependant tiré, en bonne direction, 149 coups de plus que l'*Habile*, pièce de campagne de 4, servie comme celle-ci à boulets roulans aux épreuves de 1786 (25), mais avec bien plus de soin dans le choix des boulets.

84. Les pièces de 16 et celles de 24, ainsi que toutes les bouches à feu anciennes, pouvoient donc, par cette seule influence du zinc dans leur alliage, avoir plus de résistance et, par consé

quent, durer plus long-temps dans leur service que celles d'aujourd'hui.

85. L'ordonnance de 1732 avoit déterminé le vent du boulet, dans les pièces de canon, au 27ᵉ. du diamètre de ce mobile, ce qui donnoit à la pièce de 24, 29 points de vent; 25 à celle de 16; 23 à celle de 12, et 21 à celle de 8. Ces deux dernières étant considérées comme pièces de place, c'est sans doute à l'introduction du forage dans la fabrication que nous devons rapporter cette considérable diminution dans le vent du boulet, par la facilité qu'entraîne cette machine, de pouvoir donner toute la précision requise aux formes et aux dimensions des bouches à feu.

Je puis citer en preuve qu'il existoit encore avant la révolution beaucoup de pièces neuves de tous calibres; mais en plus grand nombre de celles de 24, répandues dans les places de la Flandre, de la Picardie, du Hainaut et de l'Artois, coulées et forées à Douai, en 1748, par M. Maritz, dans l'ame desquelles les calibres, conformes à l'ordonnance de 1769, qui est de 5 pouces 7 lignes 8 points, ne pouvoient entrer, de manière que le vent du boulet de ces pièces de 24 étoit au plus de 15 à 16 points.

86. Mais, par cette uniformité de vent, établie par la susdite ordonnance de 1769 sur les fontes, il est évident qu'il n'y a plus d'équilibre dans la résistance et la durée de ces quatre calibres; car

nous avons vu qu'en donnant indistinctement un vent de 18 points à toutes les pièces de place (60), il arrivoit qu'à même dégradation, c'est-à-dire, que sous un même affaissement de métal au logement du boulet, la pièce de 24, par plus de longueur d'ame, étoit bien plutôt en prise aux battemens du boulet, et, par conséquent, plus près de sa ruine que la pièce de 16, et celle-ci plus près que celle de 12, ainsi de suite.

87. Sous ce point de vue, et tel vraisemblablement que l'avoit envisagé l'ordonnance de 1732, le peu de jeu du mobile dans la pièce seroit une cause de destruction, ou de moindre durée.

Cette assertion paroissant heurter de front le principe reçu jusqu'aujourd'hui, que dans la fabrication des bouches à feu, moins il y a de jeu pour le mobile dans l'ame, plus cette précision garantit la justesse du coup, et la durée de la bouche à feu, il est important de s'y arrêter un instant pour la défendre contre ce préjugé, contre lequel je m'élève moi-même dans cet instant, après en avoir été la dupe pendant très-long-temps.

Le boulet qu'on introduit dans l'ame jusque sur la charge de poudre, n'a pas lui-même d'autre détermination que celle que lui donne sa force de pesanteur, de s'asseoir sur le point le plus bas des parois de l'ame; nous avons vu d'ailleurs que l'action du fluide élastique sur ce mobile dans l'ame, étoit plutôt d'attirer le boulet, que de le forcer à s'élever; ainsi dans une pièce neuve, dans laquelle par conséquent il n'existe aucun obstacle à la marche régulière du mobile, ce mobile est nécessairement déterminé à rouler le long des parois de l'ame de la pièce, en portant toujours sur la partie la plus basse; d'où il suit que dans une pièce neuve, la diminution du vent prescrit, ne contribue en rien à la justesse de coup.

88. Mais cette diminution n'y peut contribuer davantage dans une pièce de canon qui a déjà servi, et dans laquelle même le logement du boulet, cette dégradation primitive, source inévitable de toutes les autres, est déjà sensible dans ses effets; car supposons que dans une pièce de 24, le boulet commence à frapper les parois supérieures de l'ame, soit par la profondeur que peut avoir prise subitement le logement du boulet, ou que ce mobile soit déjà dirigé dans son mouvement, par le plan incliné, formé par une continuité de coups; qu'arriveroit-il d'avantageux à cette pièce pour la justesse de ses coups, si au lieu d'avoir le vent de 18 points prescrit, elle n'en avoit qu'un de 12 points; l'angle de percussion du boulet sur les parois de l'ame, étant le même, l'angle de réflexion ou de départ seroit le même aussi, puisque par les principes, l'angle d'incidence est égal à l'angle de réflexion; il n'en résulteroit donc rien d'avantageux à la direction du coup. Ainsi, soit que la pièce soit neuve, ou qu'elle ait déjà servi,

on ne peut regarder la diminution du vent comme un garant assuré de la justesse du coup.

89. Ainsi, bien loin de pouvoir avec raison considérer cette diminution comme un moyen de perfection dans la fabrication des bouches à feu, on est autorisé à l'envisager au contraire comme nuisible à la résistance et à la durée des bouches à feu, par le prononcé irrécusable de l'expérience, aux épreuves extraordinaires de 1786, à l'égard de celle des deux mortiers de 12 pouces, à grandes portées, dans laquelle l'un de ces mortiers, celui de MM. Berenger, par trop peu de vent, n'a pu tirer que 12 coups, même sans casser, par les battemens de la bombe, ce mobile dans les trois derniers coups (37).

90. On n'est pas moins autorisé à considérer comme une erreur l'uniformité de vent établie par l'ordonnance de 1769, dans les quatre pièces de place à 18 points, et celle dans les pièces de campagne à une ligne; ce vent devant être pour un meilleur effet, en proportion de la longueur de l'ame, comme l'avoit judicieusement réglé l'ordonnance de 1732.

91. Ainsi, en faisant entièrement disparoître de la fabrication des bouches à feu, les nouveautés reconnues comme préjudiciables à cette fabrication, qui y ont été introduites inconsidérément, à l'époque où la machine à forer a été admise exclusivement; on rétablira bien certainement les

pièces qui en proviendroient par la suite, dans l'état de force et de durée où elles étoient dans les dernières guerres de Flandre.

92. Mais cet état de force peut-il être considéré aujourd'hui comme suffisant, lorsque depuis ces guerres de Flandre, terminées en 1748, la poudre ayant parcouru en s'améliorant, plusieurs nouveaux degrés de force, les pièces de canon de siége et de place n'ont reçu aucune amélioration dans leur résistance, étant encore sous les formes et les dimensions qui leur avoient été assignées au commencement du 17ᵉ siècle.

93. La poudre de guerre dans son enfance a toujours été supérieure en force, à la résistance des bouches à feu; et même lorsqu'on fut parvenu à l'art de les couler, on s'est encore vu forcé de modifier à leur égard l'action de la poudre, en ne l'employant pour ainsi dire qu'en pulverin dans les bouches à feu, tandis qu'on la grenoit à l'usage des armes à feu portatives.

94. Cette sage circonspection s'est maintenu à cet égard jusqu'après la guerre de sept ans, en faisant encore la différence de la poudre à canon, proprement dite de la poudre à l'usage des troupes, par la grosseur des grains de la première; et ce n'est que depuis quelques années avant la révolution, qu'on n'a plus fait cette différence, les arsenaux et les magasins à poudre ne contenant plus pour la guerre qu'une même poudre, ayant

la même force et le même grain, et destinée indifféremment pour l'artillerie et pour les armes portatives.

95. Cependant, cette nouvelle poudre, dont les principes constituans, mieux épurés, sont plus sévèrement dosés dans les rapports, mieux connus de leurs affinités réciproques; et cet ensemble étant mieux disposé, par une plus sévère trituration, à établir dans ses plus petites parties, c'est-à-dire dans les grains de la poudre qu'on peut considérer comme ses parties intégrantes, la plus parfaite homogénéité; et ces grains étant, quant à leurs formes et leurs grosseurs, façonnés d'une manière plus régulière et plus favorable au phénomène de l'explosion; celui qui a lieu dans le tir du canon par la combustion des charges, doit en vertu de toutes ces diverses améliorations ci-dessus mentionnées, s'opérer par conséquent dans un moindre espace et dans un moindre temps que par une poudre moins forte; telle qu'elle étoit autrefois, où pour de bien moindres effets, on étoit obligé de l'employer en quantités doubles ou triples de celles qu'on emploie aujourd'hui.

96. Il suit nécessairement de l'état de perfection où se trouve la poudre, que la longueur entière de l'ame du canon qui étoit alors nécessaire au développement du fluide élastique, relativement à l'effet desiré, est donc aujourd'hui trop considérable pour ce même effet; et c'est cependant dans

cette partie de longueur d'ame inutile, conservée aux pièces de place et de siége, que le fluide élastique sous un trop grand développement, n'agissant qu'à pure perte pour la portée du mobile, est encore bien plus long-temps instrument de dommage sur les parois de l'ame de la pièce; c'est aussi sur cet excédent de longueur d'ame, si préjudiciable dans les pièces destinées à l'attaque et à la défense des places, que se sont présentées pour l'ordinaire ces grandes et prématurées avaries, au grand étonnement de tous les spectateurs, aux épreuves extraordinaires de 1786; et c'est ce que nous avons vu depuis cette époque se renouveller constamment à la guerre, toutes les fois que nous avons été les malheureux témoins d'une lutte si disproportionnée entre le moteur et la foible résistance des pièces.

97. N'est-ce pas enfin aux dispositions avantageuses opérées en 1765, sur les pièces de campagne de 12, de 8 et de 4, réduites modérément dans leur longueur précédente, qu'on doit en grande partie le bon témoignage de l'expérience sur les bons et longs services de ces trois calibres, aux mêmes épreuves extraordinaires.

98. C'est donc à cette double preuve de l'impérieuse nécessité de raccourcir les pièces de canon de gros calibres, qu'il faut définitivement s'arrêter dans leur fabrication, pour pouvoir leur donner la résistance et la durée qui conviennent indispen-

sablement à leur service, surtout dans la circonstance désavantageuse où nous place l'impossibi-
lité physique bien reconnue de ne pouvoir, d'après
la nature des deux métaux, parties constituantes
de la fonte exclusivement en usage dans nos fonderies, augmenter le degré de dureté qui lui manque, au préjudice de la résistance de ces pièces,
tandis qu'il nous est bien démontré, qu'à ce défaut, la réduction de la longueur de l'ame est la
seule et unique, mais très-efficace ressource qui
nous reste, en diminuant par son moyen l'action
violente que le calorique rayonnant, principe
constituant de la poudre enflammée, exerce à
chaque coup, et progressivement lorsqu'ils se sui-
vent de près, sur les parois de l'ame des pièces,
en atténuant simultanément dans la fonte la ténacité et la dureté des deux métaux qui la composent; lorsque dans le tir du canon le concours de
ces facultés, même à un très-haut degré d'énergie,
deviendroit nécessaire à sa résistance.

99. Quoique la théorie et la pratique eussent
déjà prouvé, de concert, que la longueur des
ames de canons destinés à l'attaque et à la défense
des places, étoit trop considérable, relativement au plus grand effet des charges de poudre
usitées, on ne pouvoit cependant se dissimuler
qu'en rapportant ces longueurs au service des
batteries à embrasures, leur longueur d'ame étoit
alors à peine suffisante pour ménager les joues

desdites embrasures contre le souffle du canon
qui les dégradoit toujours trop vite dans le tir,
et de manière à nécessiter de continuelles répa-
rations, qui prenoient un temps trop considérable pour ne pas ralentir sensiblement le service.

100. Mais actuellement que l'utilité de ces nouveaux affuts de place est mieux sentie, et que
surtout par la précieuse faculté d'abréger et de
multiplier le service du canon, en tirant par dessus le parapet, ils ont obtenu la préférence à l'ex-
clusion de tous les autres, rien de raisonnable
ne peut s'opposer à ce qu'on réduise les longueurs des pièces destinées à l'attaque et à la défense des places, à celles les plus favorables à leurs
portées et à leur durée.

101. Mais pour pouvoir, en exécution de ce
projet, connoître avec quelque précision le temps
entier de l'action de la charge de poudre détermi-
née, sur les parois de l'ame à chaque coup, afin de
pouvoir en retrancher la partie, comme inutile, au-
delà de laquelle, non seulement la vitesse acquise
du mobile n'augmente plus, mais encore dans
laquelle le boulet, en parcourant le reste de la
longueur d'ame qui est à retrancher, y exerce
les plus grands ravages, nous devons convenir,
dans la plus sincère vérité, que le moyen de pratiquer ce partage, bien délicat, étoit encore, il
y a seulement quelques années, dans les secrets

les plus profonds de la science ; les tentatives qui avoient été faites à cet égard n'ayant été que de simples tâtonnemens purement mécaniques, n'ayant point force de principe.

102. Telle est l'expérience faite en Angleterre en 1736, à l'école royale d'artillerie de Volvick, dans laquelle plusieurs pièces de canon, du calibre de 24, toutes également pesantes, mais toutes d'inégales longueurs, depuis celle de six pieds inclus, sept, huit, neuf et dix pieds inclus, aussi furent coulées à cet effet, et toutes ayant été chargées aux deux tiers du boulet, et pointées sous l'angle de projection de six degrés au-dessus de l'horisontale, l'expérience par les portées favorisa constamment la pièce de sept pieds de longueur.

103. D'après la publicité et les détails qui furent donnés à cette expérience dans le temps, et par les savants qui l'avoient dirigée, il n'est plus permis de douter de la véracité de son exposé ; et comme la livre aver du poids, en usage dans l'artillerie angloise, est à la livre de france, poids de marc, comme 8534 grains : 9216 grains, et que d'ailleurs le pied anglois est au pied françois comme 1140 : 1351, 7, il est évident que cette expérience, rapportée à nos poids et à nos mesures donne pour résultat, qu'en 1736 la longueur de l'ame la plus favorable à la charge de poudre, égale au deux tiers du poids du boulet, a été

trouvée dans le calibre de 24, anglois, (22,22 li. fr.) de 7 pieds, (6 pieds 9 pouces 6 lignes 7 points mesure françoise).

Je dis a été trouvée, parce que depuis cette époque, la poudre non seulement a doublé de force, mais aussi que les charges dans le service de guerre ont diminué de moitié.

104. J'observerai ici en passant, que quoique cette réduction de l'ame se soit opérée dans cette expérience par un simple tâtonnement, qui ne peut être avoué par les principes, elle ne satisferoit pas moins dans la fabrication par son résultat comme moyen suffisant; car si on suppose qu'une réduction plus rigoureuse, par les principes, doive sensiblement plus raccourcir la longueur de l'ame, il faudroit cependant bien déroger à cette plus exacte indication dans la pratique, pour éviter de tomber dans un autre inconvénient non moins à redouter dans le tir des pièces, celui d'un trop grand recul, qui contre l'intention nuiroit sensiblement à leurs portées.

105. Si l'on n'a pas soumis en France des pièces destinées à l'attaque et à la défense des places à des expériences, pour connoître jusqu'à quel point il seroit possible de raccourcir la longueur de leurs ames, sans nuire d'aucune manière à toute l'étendue possible de leurs portées, on a néanmoins fait des expériences sur les pièces de campagnes, si bien dirigées et si bien conduites à cet

égard, que les vérités qu'elles ont manifestées sont appliquables, avec confiance, à tous les calibres reçus.

106. Mais quelque rigoureuses que puissent être ces applications, il me paroît cependant plus concluant et plus lumineux d'avoir recours ici à une expérience spéciale pour le calibre de 24, un des plus importants; et dans cette intention je vais m'étayer du résultat d'une série d'expériences qui a eu lieu dans le courant des années consécutives 1784 et 1785, à l'école royale de l'artillerie d'Auxonne, suggérées et dirigées par M. Lombard père, professeur de mathématiques à ladite école, dont les talents sont, avec justice, en heureuse mémoire à tout le Corps royal de l'artillerie françoise.

107. (*Pl.* I. *fig.* 1.) Dans ces ingénieuses expériences, une pièce de 24, de l'ordonnance de 1732, de 120 pouces de longueur, dont 114 de longueur d'ame, fut d'abord réduite par un trait de scie, à 81 pouces de longueur d'ame, et pointée à 40 degrés de l'horisontale, d'une manière fixe et inébranlable dans tous les sens, mais avec plus de sureté contre le recul; et successivement chargée dans cette situation de plusieurs quantités de poudre, savoir : de 2 livres, de 3, de 4, de 5, de 6, de 7 et enfin de 8 livres de poudre, charge ordinaire de cette pièce, au tiers du poids du boulet; mais ici sans bouchon sur la poudre, de

manière que dans l'explosion de ces charges le
fluide élastique, produit de la poudre enflammée, ne trouvoit aucun obstacle à son expansion
dans l'ame de la pièce, mais seulement à sa sortie, le poids d'une bombe M de 8 pouces, pesant
44 livres, assise sur le cercle de la bouche de la
pièce, sur lequel elle n'étoit maintenue que par
l'effet de sa propre pesanteur.

108. Les portées de cette bombe, mise ainsi
en mouvement par une simple impulsion instan-
tannée du fluide élastique, au sortir de cette
pièce, ayant été soigneusement relevées à chaque
coup, furent rigoureusement inscrites, dans un
registre à ce destiné, dans des colonnes relatives
aux diverses charges de poudres.

109. Après avoir ainsi éprouvé sur cette première longueur d'ame D, de 81 pouces, les diverses charges de poudre susmentionnées, cette
pièce fut successivement réduite de la même manière à trois autres longueurs d'ames plus courtes, savoir : C à 76 pouces, B à 49 et enfin A à
30 pouces, et soumises également à chacune de
ces diverses longueurs d'ames, et dans le même
ordre, aux épreuves successives des mêmes charges de poudre, et les portées correspondantes
furent enregistrées avec la même précaution dans
leurs colonnes respectives; ce qui forme un tableau précieux, dont chaque portée qui en est
un élément amène pour ainsi dire à quelque vé-

rité de fait, dont on peut déduire autant de principes qui doivent enrichir la théorie de l'art, si pauvre à cet égard.

110. L'intention de M. Lombard, si clairement manifestée dans le cours de ces expériences, étant de faire connoître qu'elle est la force d'expansion que le fluide élastique émané de la combustion de la poudre, comme charge, exerce dans le tir d'une pièce de canon instantanément sur le mobile à chaque point correspondant de l'ame, à partir du fond de l'ame; à mesure qu'il avance vers la bouche de la pièce, et quelle est aussi la vîtesse instantanément acquise sur le mobile qui en résulte au même point, par cette impulsion instantanée, afin de pouvoir s'assurer par de pareilles vérifications successives sur toute la longueur de l'ame, quel est celui de ces points, s'il y a lieu, auquel, comme point de recherche, ces deux vîtesses spéciales viennent simultanément aboutir sous un rapport d'égalité.

111. Je crois devoir faire observer ici que si la combustion des charges étoit instantanée, ainsi que plusieurs savans, dont M. Robins est du nombre, ont cru pouvoir l'admettre, une seule de ces quatre réductions, opérées par M. Lombard, sur la longueur de l'ame de la pièce de 24, n'importe laquelle, eût suffi à la série entière de ces vérifications successives, quelqu'en eût été le nombre, puisque, par la nature du fluide élas-

tique, sa force d'expansion étant, en raison inverse de son développement, et, ici, en raison inverse des longueurs d'ames parcourues par le fluide, la vîtesse expansive au point A, à 30 pouces du fond de l'ame, seroit à celle du point B, à 49 pouces du même fond, comme 49 : 30 pouces, ainsi de suite; mais il n'en est point ainsi, parce qu'il est rigoureusement démontré que, quelque petite que soit une charge de poudre, en la supposant même bien ramassée, sa combustion entière est toujours successive, et comme alors cette combustion est cependant soumise à une marche si rapide que, dans le tir des grosses pièces de place et de siége, on est comme autorisé, par l'expérience, à la regarder comme entièrement terminée, à la charge au tiers du poids du boulet, bien avant que le mobile, poussé dans le tir par le fluide élastique, soit parvenu à la bouche de la pièce, ainsi que le démontre incontestablement l'expérience de Volvick, en 1736, dans le tir de laquelle la charge de poudre, même aux deux tiers du poids du boulet, a dû être entièrement comburée dans la pièce de 7 pieds de longueur, puisque c'est cette pièce qui a eu la plus grande portée.

112. Mais dans quel rapport, dans des temps égaux, s'opère la combustion de diverses parties de la charge de la poudre? La seule induction que nous ayons pu tirer de l'expérience dans le

tir des canons, nous suggère qu'il est décroissant; c'est-à-dire, que la combustion est plus abondante dans le premier des instans qui composent sa durée entière, quelque petits qu'ils soient, que dans le second, qui lui est isochone, et plus abondante dans ce second que dans le troisième, ainsi de suite.

113. Or, s'il peut y avoir de l'irrégularité dans le rapport suivant lequel les diverses parties des charges de canon se brûlent, il doit, par-là, s'en rencontrer dans les rapports successifs qui existent entre la vîtesse de l'agent et la vîtesse acquise du mobile qui en est le résultat; ce qui justifie pleinement la nécessité de plusieurs réductions dans la longueur de l'ame, pour éviter de tomber dans de trop grandes erreurs dans l'appréciation de ces rapports.

114. Si les quatre réductions opérées successivement par M. Lombard, sur la longueur de l'ame de la pièce, dans le cours de ces expériences, lui ont paru suffire à l'objet proposé, c'est que, vu la difficulté de ce travail, il n'a pu se déterminer qu'à un simple essai, et il s'est réduit, en conséquence, à l'absolu nécessaire avec d'autant plus de raison que, dans pareille matière, une grande exactitude à obtenir est presque impossible, surtout vis-à-vis d'un agent si capricieux dans ses effets, que l'est celui de la poudre enflammée; mais ce qu'il y a de bien rassurant dans

cette détermination, c'est que ces seules quatre réductions, opérées dans la longueur de la pièce, suffisent complètement à la vérification de la vitesse absolue du fluide élastique, à chaque point de la longueur de l'ame de la pièce, ainsi qu'il est aisé de s'en convaincre en peu de mots.

115. Supposons que l'expérience, consultée par le tir au tiers du poids du boulet des quatre tronçons, A, B, C et D, *pl.* I, *fig.* 2, selon lesquels la pièce de 24 de l'ordonnance a été réduite aux expériences d'Auxonne, ait fait successivement connoître que la vîtesse du fluide élastique, immédiatement avant son impulsion instantanée sur le mobile, placé à la bouche de la pièce, étoit 1°. au point A, à 30 pouces du fond de l'ame, de 830 pieds par seconde; 2°. de 799 pieds dans le tronçon B, à 49 pouces du fond de l'ame; 3°. de 731 pieds dans le tronçon C, à 76 pouces du fond de l'ame, et enfin 4°. de 677. pieds dans le tronçon D, à 81 pouces du fond de l'ame. Il résultera donc évidemment de ces comparaisons que, dans le tronçon B, le fluide élastique, en parcourant, dans le tir, un espace cylindrique A B de 19 pouces de longueur, auroit perdu, par son développement dans cet espace, 31 pieds de vitesse par seconde, en passant, par degrés, de sa vitesse primitive de 830 pieds à celle de 799 pieds, ensorte que ce premier et ce dernier degré de vitesse, et leurs intermédiaires, pourront être représentés par les termes

d'une progression arithmétique décroissante, dont le premier, étant le nombre 830, le dernier sera le nombre 799; l'exposant, l'unité et le nombre des termes 31, qui est la différence du premier au dernier terme; d'où il suit que, d'après les propriétés de la progression arithmétique, le terme moyen qui est ici le 16e de la progression, sera représenté par $799 \times 1 \times 15 = 814$ pieds, c'est-à-dire, qu'à ce point moyen, à 39, 5 pouces du fond de l'ame, et à 9, 8 pouces, à égale distance des points A et B, la vitesse absolue du fluide doit être de 814 pieds par seconde.

116. Ce que je viens de dire, par rapport au tronçon B, étant appliqué au tronçon C, il en résultera, l'exposant de la progression étant toujours limité, mais par un plus grand intervalle entre les deux extrêmes B et C, que le nombre des termes sera le nombre 68 égal comme ci-dessus, à la différence des deux extrêmes, et alors les deux intermédiaires f et g, le premier f, le 22e terme de la progression sera $799 - 2266 = 775$ pieds, et le second g, le 44e terme de la progression sera $799 - 44 \times 1 = 753$ pieds (en nombre entier).

117. Ces expériences, par M. Lombard, n'ayant pu avoir d'autre objet que celui qui nous occupe, nous pouvons donner toute confiance à ses résultats; et, dans cette intention, je vais en extraire les portées fournies par la charge de 8 livres de

poudre dans chacune des quatres pièces tron-
çonnées.

DÉSIGNATION des TRONÇONS.	LONGUEUR de L'AME.	PORTÉES,	
		EN TOISES.	EN PIEDS.
A.	3o pouc.	426	2556
B.	49	3g5	2370
C.	76	332	1992
D.	81	282 5	1695

118. Puisque la charge de 8 livres de poudre
dans le tronçon A, de 3o pouces de longueur
d'ame, pointée à 4o degrés au-dessus de l'hori-
zontale sur un sol sensiblement de niveau, a projetté le mobile, qui étoit une bombe de 8 pouces
pesant 44 livres, assise sur le cercle de la bouche
de la pièce qu'elle fermoit exactement, et sur lequel elle n'étoit que légèrement maintenue contre
la force de sa propre pesanteur, à une distance
de 426 toises, ou de 2556 pieds, cette bombe,
d'après les principes de la Ballistique, pour satisfaire à cette portée, sous cet angle de projection,
devoit avoir reçu, dans cette impulsion instantanée
du fluide élastique, une quantité de mouvement,
vu sa masse, capable d'une vîtesse de 280 pieds par
seconde, dans le sens du plan incliné à 4o degrés,
suivant lequel a dû plus prochainement s'effectuer

ce mouvement; et comme, par les lois de la communication des forces dans la rencontre des corps en mouvement auxquels cette impulsion instantanée peut se rapporter, la quantité de mouvement est égale avant et après le choc, et que, dans cette dernière circonstance, la quantité de mouvement de tout le système est égale au produit de la vîtesse commune à toutes les masses en mouvement par la somme de toutes les masses, nous observerons que la vîtesse commune est ici celle de la bombe, qui est de 280 pieds par seconde, et que la somme des masses se compose, 1°. du poids de la bombe, qui est de 44 livres, et 2°. des 8 livres de poudre, charge de la pièce au tiers du poids du boulet, et et en tout de 52 livres.

119. D'où il suit qu'en multipliant ces deux nombres 280 p. et 52 liv. l'un par l'autre, leur produit 14,560 liv. représentera la quantité de mouvement, avant et après l'impulsion instantanée du fluide élastique sur le mobile; et comme la quantité du mouvement du fluide avant l'impulsion est égale au produit de la masse alors en mouvement, c'est-à-dire, au produit des 8 liv. de poudre, par la vîtesse d'expansion du fluide, si on divise le nombre 14,560 liv., quantité de mouvement, par 8, le quotient 1820 pieds sera l'expression de la vîtesse d'expansion du fluide élastique par seconde à l'instant de l'impulsion instantanée sur le mobile, à la sortie de la pièce tronçonnée.

120. On aura donc alors l'équation suivante :
1820 × 8 = 280 × 52, d'où on tire 1820 : 280
:: 52 : 8 :: 65 : 10, c'est-à-dire, que la vîtesse
expansive du fluide élastique, immédiatement
avant l'impulsion, étoit à la vîtesse de la bombe,
immédiatement après l'impulsion, comme 65 : 10.

121. Pour utiliser maintenant, à la recherche
qui nous occupe, les vérités de fait que nous fournissent les expériences d'Auxonne, nous n'avons
qu'à consulter les résultats que présenteront les
calculs d'après les principes, dans la supposition
qu'un boulet de calibre pesant 24 liv. a été mis
à la place de la bombe pesant 44 livres.

122. Pour obtenir d'après cette supposition un
résultat plus approximatif, en prévenant même
une objection qu'on ne manqueroit pas de faire
comme fondée, nous observerons que l'action des
fluides élastiques sur les corps soumis à leur pression étant en raison composée de leurs forces
expansives et de la surface pressée des corps en
prise à leur action, dans cette substitution, toutes
choses égales d'ailleurs, cette action seroit bien
moindre sur le boulet de calibre que sur la bombe,
à raison des carrés des diamètres.

123. Il est donc indispensable, pour laisser subsister la vérité de fait, dont nous voulons nous
étayer, dans toute son intégrité, de tenir compte,
dans cette substitution, de l'effet qui doit résulter
de la différence reconnue dans les surfaces pres-

7.

sées; et on y parviendra bien facilement, en multipliant le nombre 14,560 liv., qui représente la
quantité de mouvement du fluide élastique, immédiatement avant l'impulsion instantanée, par
le nombre décimal 0,456 pouces carrés, quotient
de la division suivante $\frac{22,9}{50,2}$ pouces carrés, dont le
dividende 22,9 pouces carrés est le **grand cercle**
du boulet de calibre, et le diviseur 50,2 pouces
carrés le grand cercle de la bombe; d'où il suit
que le produit ci-après 14,560 $^{\text{l.}}$ × 0,456 = 6639
livres en nombre entier, représentera la quantité
de mouvement du fluide élastique à l'instant de
sa première impulsion instantanée sur le mobile,
qui est un boulet de calibre.

124. Si, après cette réduction bien nécessaire,
on divise le nombre 6639 livres successivement
par 8 livres et par 32 livres, ces deux nombres
représentant les masses en mouvement, le premier immédiatement avant l'impulsion, et le second immédiatement après ladite impulsion, on
aura 830 × 8 $^{\text{l.}}$ = 207 × 32 livres; d'où on tire
830 $^{\text{pl.}}$: 207 $^{\text{pl.}}$ :: 32 $^{\text{l.}}$: 8 $^{\text{l.}}$ :: 4 : 1, ce qui indique que, d'après la substitution du boulet de
calibre à la bombe de 8 pouces, la vîtesse expansive du fluide élastique, immédiatement avant son
impulsion instantanée sur le mobile, est à la vîtesse
communiquée au mobile, immédiatement après
ladite impulsion, comme 4 : 1.

125. En raisonnant et en opérant de même,

relativement à la charge au tiers du poids du boulet dans les trois autres tronçons de 24 B, C et D, dont il a été fait mention ci-dessus, on trouvera de même, et successivement, que dans le tronçon B, à 49 pouces du fond de l'ame, la vitesse absolue du fluide élastique, immédiatement avant l'impulsion instantanée sur le mobile, seroit de 799 pieds de vitesse par seconde; que dans le tronçon C, à 76 pouces du fond de l'ame, et dans les mêmes circonstances, cette vitesse seroit de 731 pieds par seconde; et que dans le tronçon D, à 81 pouces du fond de l'ame, cette vitesse seroit de 677 pieds par seconde.

126. Nous aurons donc quatre points donnés de position sur la longueur de l'ame de la pièce (*pl.* 1, *fig.* 2), sur lesquels le fluide élastique, en se développant dans la pièce, arrivant successivement, a fait connoître dans le tir, par une impulsion instantanée sur le mobile, la vitesse de son expansion; et comme d'après l'observation ci-dessus, cette vitesse d'expansion doit être également connue d'après les principes sur les trois points intermédiaires *e*, *f* et *g*, nous aurons donc 7 points dans le tir de la pièce de 24 donnés de position et de force.

127. Pour plus d'intelligence et de clarté, donnons à ce rassemblement des vérités de fait que nous fournissent les expériences d'Auxonne, la forme convenable ci-après, à l'ordre et à la liai-

7*

son qu'elles doivent conserver entr'elles dans les deux parties de ce tableau.

TABLEAU DÉMONSTRATIF.

128.

PREMIERE PARTIE.				SECONDE PARTIE.		
					VITESSE	
Impulsion instantanée du fluide selon leurs dates sur le mobile.	Désignation des Tronçons.	Longueur d'ame des Tronçons.	Vitesse expansive du fluide élastique.	du fluide —— relative.	du mobile	
					partielle	acquise
		ponc.	pieds.	pieds.	pieds.	pieds.
1ʳᵉ............	A.	30	830			207
2............	e.	39 5	814	623	156	363
3............	B.	49	799	451	113	476
4............	f.	58	776	323	81	557
5............	g.	67	753	219	55	612
6............	C.	76	731	141	35	647
7............	D.	81	677	84	21	668
8............	h.	90	609	9	2	670
9............	i.	99	554	0	0	id.
10............	k.	108	508	0	0	id.
11............	l.	114	481	0	0	id.

129. Nous observerons premièrement que ce tableau n'a dû contenir d'abord que sa première partie à gauche, qui se compose de 4 colonnes renfermant tout ce qui a directement rapport aux vérités de fait, qui nous ont été fournies par les expériences d'Auxonne en guise d'analyse, impulsion instantanée par impulsion, rangées par lignes horisontales dans ce tableau.

130. Nous recueillerons de cette première disposition quant à la 1ere. partie de ce tableau, l'assurance certaine que le fluide élastique provenu de la combustion des charges de poudre dans l'ame des canons, agit comme force motrice sur les mobiles par des impulsions instantanées, dont la première dans toutes ces expériences a toujours été la plus forte, et les suivantes toujours décroissantes et d'autant plus qu'elles ont eu lieu plus près de la bouche de la pièce.

131. Mais cette seconde partie du tableau n'a pu s'accoller à la première, comme ci-dessus, que lorsqu'après avoir bien reconnu l'état des forces successivement produites, et leurs situations respectives dans l'ame, j'ai pu suivre le mobile dans sa marche du point A à 30 pouces du fond de l'ame, et noter ses progrès à mesure qu'il s'avance vers la bouche de la pièce avec plus de vîtesse, à la faveur de la force, et par conséquent de la vîtesse qui lui est de plus en plus communiquée par le fluide élastique, dans son développement successif dans l'ame, jusqu'à ce que ce développement, diminué par la combustion entière de la charge de poudre, prenant alors le caractère d'épuisement, ne puisse plus donner lieu à aucune augmentation dans la vîtesse du mobile.

132. Avant d'entrer en matière, je dois faire observer que quelque briève que paroisse l'action entière d'une charge de poudre sur le mobile

dans le tir, elle ne doit cependant pas être considérée comme instantanée; mais même en la regardant comme momentanée, elle doit être, dans la réalité envisagée comme composée d'une série de moments plus ou moins nombreux, représentés comme dans ce tableau par des ligues, à la vérité si courts par leur peu de durée, qu'ils restent, même en somme, imperceptibles à nos organes.

133. (*Tableau démonst.*, *lig.* 1.) Nous voyons d'après les expériences d'Auxonne, que la dernière et la plus forte réduction qui ait été opérée dans la longueur de l'ame, correspondoit au point A, situé à 3o pouces du fond de l'ame, et que c'est sur le même point que la vitesse absolue du fluide élastique, étant de 83o pieds par seconde, s'est montrée la plus considérable de toutes celles que la charge au tiers du poids du boulet ait donné au mobile dans ces expériences, dans son action sur les parois de l'ame et sur le boulet; et nous avons prouvé, d'après les principes (124), qu'en vertu de cette première impulsion instantanée du fluide élastique, la vîtesse acquise du mobile étoit immédiatement après ladite impulsion, de 207 pieds par seconde. (*Tableau démonstr.*, *lig.* 1.)

134. Or, puisque de ce point A, le fluide élastique et le mobile mis ainsi en mouvement dans la pièce, vont ensemble dans le même sens, mais avec différens degrés de vitesse, il en résulte né-

cessairement qu'après cette première impulsion instantanée du fluide élastique moteur, sa vitesse absolue de 83o pieds par seconde, qui n'a encore supporté aucun déchet, n'est plus cependant, par rapport à celle acquise du mobile, qu'une vitesse relative de 83o—207=623 pieds par seconde, avec laquelle il attaquera le boulet (*lig.* 2.) dans l'impulsion instantanée suivante : au point *e* à 395 pouces du fond de l'ame, et auquel il communiquera d'après les principes, un nouveau degré de vitesse (124) de $\frac{623}{4} = 156$ pieds par seconde, qui jointe à la vitesse de 207 pieds précédemment acquise, portera la vitesse du mobile immédiatement après cette seconde impulsion instantanée à 207+156=363 pieds par seconde.

135. La vitesse absolue du fluide élastique, moins la vitesse acquise du mobile immédiatement après l'impulsion antérieure, présentant en général la vitesse relative du fluide élastique moteur, pour l'impulsion suivante, nous aurons donc ici (*lig.* 3) 814—363=451 pieds par seconde pour l'expression de la vitesse relative du fluide moteur à la troisième impulsion instantanée au point B à 49 pouces du fond de l'ame; et la vitesse, que cette vitesse relative du fluide élastique est capable de communiquer au mobile, est d'après les principes de $\frac{451}{4} = 113$ pieds par seconde; ce qui, joint à la vitesse de 363 pieds précédemment acquise au mobile, porte sa vitesse entière à 476pie

par seconde , immédiatement après la troisième
impulsion instantanée du fluide élastique.

136. Cette marche du mobile dans l'ame, par
l'action du fluide moteur , étant assez distincte-
ment éclairée par le raisonnement ci-dessus, je
crois pouvoir, sans inconvénient , la présenter
comme exécutée en entier dans la seconde partie
du tableau ci-dessus, pour éviter au lecteur un trop
long détail, en lui expliquant encore , en peu de
mots, le résultat de cette opération, contenu dans
la huitième ligne horisontale du tableau démons-
tratif.

137. (*Lig.* 8). La vîtesse relative du fluide élastique au point *h*, à 90 pouces du fond de l'ame ,
étant de 677—688=9 pieds; la vîtesse acquise
qu'elle est encore capable de communiquer au
mobile au point *h*, étant de 2 pieds, si on joint ces
2 pieds aux 668 pieds précédemment acquis au point
D, sa vîtesse entière acquise seroit de 670 pieds par
seconde , immédiatement après la huitième impulsion instantanée du fluide élastique.

Mais dans cette dernière supposition , il y auroit une absurdité manifeste , puisqu'au même
point *h*, la vîtesse acquise du mobile surpasseroit,
de 61 pieds par seconde, la vîtesse absolue du
fluide élastique moteur.

D'ailleurs, si d'un côté, la vîtesse relative du
fluide élastique étant de 9 pieds par seconde au
point *h* , et que de l'autre côté, le déchet qu'a

éprouvé le fluide élastique dans sa vîtesse absolue, en se développant dans l'ame du point D au point h, est de 61 pieds par seconde, d'après l'aveu de l'expérience, ou de 15 pieds en sens contraire de la vîtesse relative, il est évident que la huitième ligne horisontale du tableau doit se présenter par l'effet de ces deux forces simultanées agissant en sens contraire dans la forme ci-après.

Au lieu de lig. 8	h	90	609		9	2	668
Celle de... lig. 8	h	90	609	$9-15=-6$	-1		$668-1=667$ pieds.

138. Il est donc prouvé d'après ces expériences, que non-seulement du point D au point h, il n'y a plus aucune augmentation dans la vîtesse acquise du mobile, mais bien au contraire une diminution d'un pied par seconde ; le maximum de la vîtesse acquise du mobile dans le tir au tiers du poids du boulet, est donc de 668 pieds par seconde, et correspond au point D à 81 pouces du fond de l'ame.

139. Il est donc démontré que la pièce de 24, conforme en tout point à l'ordonnance, ayant 114 pouces de longueur d'ame, et à la charge au tiers du poids du boulet, est trop longue au moins de 33 pouces, relativement au plus grand effet de cette charge, qui doit concourir et à sa plus grande portée, et à sa plus forte et plus longue

résistance ; je dis au moins, parce que dans les dispositions ci-dessus qui n'annonçoient qu'un essai, et qui ont amené ce résultat (*lig.* 8), aucune d'elles n'y a contribué avec assez de précision pour que l'ensemble ne s'en ressentit par défaut.

140. En cherchant à m'assurer sur la réalité de ce déchet, d'après les mêmes bases sur la force du moteur, mais en réduisant d'abord à moitié et ensuite au tiers les distances d'une impulsion instantanée à l'autre, c'est-à-dire en les supposant d'abord de 4, 5 pouces, et ensuite de 3 pouces, au lieu de la distance de 9 pouces, où elles étoient dans la première série, j'ai trouvé dans la première de ces deux nouvelles séries composée de 20 membres, que le maximum fort de 723 pieds par seconde correspondoit à 72 pouces 8 lig. du fond de l'ame, et que dans la seconde série composée de 29 membres, le maximum fort de 723 pieds par seconde correspondoit à 66 pouces o lignes du fond de l'ame.

141. Si le résultat ci-dessus, comme essai, n'atteint pas la vérité d'assez près, j'ai du moins à me féliciter d'avoir reconnu le premier l'excellence de la méthode et la sévérité du principe qui nous ont été présentés pour la première fois, et il est bien aisé de prévoir que si jamais cette méthode est mise en pratique, ainsi que cela doit être, dans une des écoles royales d'artillerie, dans lesquelles

se trouvent les fonderies royales, ne présentant alors pour ainsi dire dans l'exécution, ni difficulté, ni dépense extraordinaire, elle pourra aisément fournir dans une seule campagne à toutes les données que peut exiger dans la plus grande précision la solution du problême, envisagé sous tous les points de vue, soit par rapport aux calibres par rapport aux charges et aux diverses épaisseurs des pièces.

142. Mais ceci n'est que de pure spéculation, le bien du service n'en exige pas tant: il ne demande qu'un medium qui tendant à l'amélioration impérieusement reconnue comme indispensable, et sans délai dans les pièces de canon, soit cependant encore compatible, jusqu'à un certain point, avec les abus impossibles à extirper entièrement sans tomber dans des inconvéniens plus graves à supporter dans le service; c'est dans cette considération, que j'adopte le résultat ci-dessus, comme le plus conforme au bien du service.

143. Je suis d'autant plus autorisé à croire avoir bien opéré d'après ce résultat, et conformément aux principes, que la pièce de 24 ordinaire à la charge au tiers du poids du boulet, et sous l'angle de projection de 45 degrés, n'a jamais dépassé la portée de 2250 toises, que lui attribuent comme vérité de fait, et le *Manuel de l'Artillerie* et l'*Aide-Mémoire* ; or, si à cette charge de poudre, qui est la charge de bataille, le maximum de la vitesse

acquise du mobile, se trouve en de-çà de la longueur entière de l'ame, comme nous le présente l'expérience, nous devons être assurés au-moins d'une même portée dans la nouvelle pièce, puisqu'au-delà de ce maximum, il n'y a plus jusques à la bouche, aucun nouveau degré de vîtesse à espérer, mais au contraire bien plus long-temps la résistance de l'air à soutenir, et les dommages à supporter.

144. J'avoue que, comme ancien artilleur, je ne mets pas une grande importance à obtenir de si grandes portées; car de si loin où tout devient incertain, quel bon service peut-on se promettre à la guerre du tir de ces pièces de canon? n'est-ce pas au contraire à des distances plus raisonnables qui permettent de compter avec quelque probabilité sur l'habitude du canonnier à apprécier les distances, pour y appliquer, avec quelque précision, l'angle de projection convenable et y donner le coup d'œil définitif, qui peut maîtriser le pointement, qu'on peut espérer quelque succès; mais nous avons à considérer le maximum de la vîtesse initiale du mobile sous un point de vue bien plus intéressant dans son motif, puisqu'il fixe la longueur de l'ame la plus convenable à la portée, à la résistance, et à la durée de la pièce.

145. (*Pl.* I, *fig.* 1re.) Supposons une pièce de 24 ordinaire, sciée à 81 pouces du fond de l'ame,

sans avoir pour le moment égard à la destination de la tulipe, cette pièce étant seulement plus courte, après cette opération, que la pièce ordinaire, de 33 pouces, mais ayant partout ailleurs les mêmes épaisseurs; n'est-il pas de toute évidence que, lorsque dans le tir de cette pièce, tronçonnée à 81 pouces du fond de l'ame, le boulet sera parvenu à la bouche de la pièce et prêt à sortir, un pareil mobile, dans la pièce ordinaire, tout étant d'ailleurs de même, seroit parvenu dans le même temps à 81 pouces seulement du fond de l'ame et auroit encore à parcourir 33 pouces restans, sur lesquels les dommages occasionnés dans le tir, non-seulement sont plus précoces et plus nombreux (60), et plus profonds (59), par la plus grande altération qu'éprouve la fonte à chaque coup, dans ses facultés préservatrices, la dureté et la densité, par plus de temps qu'elle reste exposée au calorique rayonnant ; ce qui, accélérant d'autant plus vîte la ruine de la pièce, prive le service du plus long-temps qu'il auroit pu jouir de cette pièce par une réduction préalable dans sa longueur, soumise aux principes avoués par la théorie et la pratique, qui l'auroient ainsi dérobée à ces précoces avaries.

146. Je n'ai point ici la folle prétention d'apprécier d'aucune manière le nombre de coups de bon service que pourra fournir cette nouvelle pièce; je n'ai que celle mieux fondée, et je crois

y avoir réussi, de prouver irrévocablement que cette nouvelle pièce doit surpasser de beaucoup la résistance et la durée de toute autre pièce de 24 ordinaire d'ancienne construction , d'abord par les améliorations indiquées à pratiquer dans tout le cours de ce mémoire; car certainement ce ne seroit pas beaucoup dire si , dans cette fabrication, on vouloit laisser subsister les abus qui paroissent s'y être introduits depuis les dernières guerres de Flandres , au préjudice d'une meilleure fabrication; et ensuite par la réduction modérée qui doit s'opérer dans la longueur de l'ame , conformément aux vrais principes de la science et de l'art.

147. La plus grande résistance et la plus longue durée dont le service de l'artillerie ait à profiter, dans cette nouvelle construction, et qui en est le motif, n'est pas le seul avantage qui en résulte, quelque important qu'il soit, puisque, moins pesante d'environ 1356 livres , le transport de cette pièce sera d'autant moins frayeux et pénible , et son service et sa manœuvre d'autant plus faciles et prompts, que son affût sera nécessairement moins long et moins fort dans toutes ses dimensions, et ses armemens plus courts et plus légers, sans qu'il puisse en résulter, par moins de pesanteur dans cet ensemble, un plus grand recul par le temps , sensiblement plus court à chaque coup de canon , que cet ensemble restera en

prise à la force motrice dans le sens du recul ; car il faut s'habituer, dans l'emploi des forces vives, à compter, dans les effets, le temps pour quelque chose.

148. J'ai le précieux avantage de présenter, dans cette nouvelle fabrication, une économie considérable sans l'avoir recherchée, qui d'après, non des aperçus incertains, mais d'après des résultats avoués par la pratique de l'art, se monte à 2478 livres par pièce de 24, ce qui, dans les circonstances pénibles où se trouve le Gouvernement, d'avoir à rétablir en grande partie sa grosse artillerie, est une grande consolation, surtout lorsque cette dépense indispensable amène à un système aussi heureux que nécessaire.

149. Dans l'intention de ne rien omettre à cet égard, de tout ce qui peut y contribuer, je ferai observer que les renforts des pièces de canon qui sont ces surcroits d'épaisseur, irrégulièrement appliqués sur la surface des pièces, à partir de la culasse, qui donnent au corps entier de cette arme une forme si singulière par l'assemblage de quatre cônes tronqués, savoir: *pl.* I, *fig.* 3, le premier et le second renforts, proprement dits, A et B, la volée C, et la tulipe D, sont depuis longtemps constamment et généralement désapprouvés, n'étant considérés que comme une erreur de pratique, sans présenter aucun motif utile

pour le bien du service, mais au contraire surchargeant la fabrication, tant par un emploi mal
entendu de matière, que par un surcroît de travail dans les ateliers de la moulerie et dans ceux
de la machine à tourner, et présentant même des
inconvéniens assez graves dans la coulée des pièces de canon, par les ressauts de matière qu'ils
établissent dans les moules, qui, à l'abri de la
prévoyance du fondeur, peuvent s'opposer à un
libre affaissement de la matière; de manière qu'on
peut être assuré, d'avance que la disparution des renforts sur les canons, que je propose ici comme une
amélioration et une économie, ne peut être que généralement approuvée, surtout par les gens de l'art.

150. Mais pour agir avec méthode, je crois
convenable de faire connoître en quoi consiste
ce changement.

Ayant été assez long-temps attaché comme capitaine en premier au Corps royal de l'artillerie, à
la Fonderie royale de Douai, et en qualité d'Inspecteur des travaux, j'ai constamment reconnu
que, dans la pesée des pièces de 24 qui précédoit
leur livraison, la moyenne, quel qu'en fût le nombre, se rapportoit d'assez près à 5700 livres.

D'après cette donnée, ayant cubé avec précision le volume que doit avoir une pièce de 24
ordinaire A (*fig.* 3), sous les dimensions voulues
par l'ordonnance, j'ai trouvé ce volume exprimé

en pouces cubes de. . . . . . . 16,416 p^ces cubes.

Ayant cubé ensuite avec la même exactitude le volume qu'auroit une pièce de même calibre, de même longueur (*fig.* 4.), sans renforts, ayant les mêmes épaisseurs primitives et finales que la première, savoir : à la culasse et à la lumière, une épaisseur égale au diamètre du boulet, et au milieu de l'asttragale du collet égale à $\frac{11}{14}$ du même diamètre; l'une et l'autre de ces épaisseurs voulues par l'ordonnance, j'ai trouvé ce dernier volume de. . . . . . . 16,201 p^ces cubes.

Ce qui constitue entre ces deux volumes une différence de 215 pouces cubes en plus du côté de la pièce avec renfort, et par conséquent à charge à la fabrication. . . . . 215.

Or puisque 16,416 pouces cubes de fonte à l'usage de l'artillerie, (ou 9,5 pieds équivalens), composés de 100 parties de cuivre, et de 11 parties d'étain, pèsent 5700 livres poids de marc (150), 1728 pouces cubes, ou 1 pied cube pèsera 600 livres; d'où il suit que les 215 pouces cubes pèseront 75 livres.

8

151. Supposons maintenant d'après le prononcé de l'expérience qui y autorise, une pièce de 24 C (*pl.* I, *fig.* 6.) de 81 pouces de longueur d'ame, et sans renfort, mais d'ailleurs en tout semblable dans ses autres parties et dimensions à celle B (*fig.* 4.) sans renfort, ayant la même plate-bande de culasse, la même tulipe dans son renflement, les anses, les tourillons exactement les mêmes, mais nécessairement placés, par rapport à leurs fonctions, aux distances convenables au centre de gravité de la pièce; de manière que cette nouvelle pièce C ne diffère de celle B de même calibre, que par les 33 pouces de moins de longueur d'ame, et par la réduction proportionnelle de pesanteur à laquelle cette moindre longueur donne lieu.

Pour apprécier au juste cette différence dans les poids de ces deux pièces B et C (*fig* 4 et 5), j'ai cubé le volume de cette dernière, et j'ai trouvé qu'il étoit de 12,509 pouces cubes = 7 pieds cubes 2, 4, ce qui à raison de 600 livres par pied cube, donne 4344 livres pour le poids de la pièce C à construire.

152. On trouve dans l'*Aide-mémoire*, ouvrage périodique sur l'artillerie, édition de 1801, second volume page 506, en note au bas de la page, ce qui suit « on doit estimer que les pièces » toutes faites coûtoient en 1786 à raison de 36 sols par livre pesant. »

D'après cette note je pourrois sans trop m'é-
carter de la vérité, en multipliant successivement
les deux nombres 5700 livres, et 4344 livres qui
représentent, le premier le poids de la pièce de
24, de l'ordonnance, et le second celui de la
pièce à construire, par 36 sols = 1, 8 francs, présenter ces deux produits 10,260 francs, et 7819
francs pour le prix de chacune de ces deux pièces; d'où il s'en suivroit nécessairement, que le
nombre 2440 francs, qui est leur différence,
représenteroit l'économie que cette nouvelle fabrication donneroit par pièce.

153. Mais il faut en convenir, cette notion dont
la curiosité d'un particulier pourroit s'accom-
moder, est trop simple et trop dénuée de détails
pour mériter la confiance que commande la circonstance, et je vais y suppléer en peu de mots.

Depuis l'invention du forage, qui a eu lieu en
1744, jusqu'à la révolution, le déchet en matière
accordé aux fondeurs pour chaque bouche li-
vrée, avoit été réglé à 10 ÷ pour la fonderie
royale de Douai, et à 8 ÷ pour celle de Strasbourg,
les deux seules, jusques alors, en activité par le
gouvernement; mais depuis cette dernière époque, ce déchet a été perçu partout d'une manière
aussi irrégulière que ruineuse pour le gouvernement; et je ne trouve nulle part encore, du
moins dans l'*Aide-mémoire*, ouvrage périodique
sur l'artillerie, qui auroit pu me faire con-

noître cet article de détail, que le déchet accordé
aux fondeurs ait été réglé dans les fonderies
royales de l'artillerie, conformément aux nom-
breuses réclamations qui ont eu lieu à cet égard,
jusqu'à aujourd'hui, ne pouvant d'ailleurs considérer comme une annonce officielle sur cet
article, ni par rapport aux nouveaux prix sur
la façon des bouches à feu de tous les calibres,
ce qu'on trouve dans un mémoire très-détaillé
sur les fontes de l'artillerie publié en 1806, par
un homme de l'art, très-connu; qui affirme positivement que, « depuis le 25 floréal an 10, (Avril
» 1802), le déchet a été réglé pour toutes les
« fonderies à 4 $\frac{0}{0}$, et le prix de la façon des pièces
de 24 à 720. »

Ainsi, en attendant des renseignemens plus cer-
tains, je m'en tiendrai pour l'appréciation et la
comparaison ci-après, aux bases qui me sont connues de 10 $\frac{0}{0}$ pour le déchet accordé, et de 950 fr.,
pour le prix de la façon d'une pièce de 24, qui
étoient accordés à la fonderie royale de Douai;
en réduisant cependant ici ce dernier article de
dépense à 730 francs par pièce, à raison d'une
moindre longueur d'ame de plus du quart.

PRIX COMPARATIF *de la valeur d'une pièce de 24 ordinaire, à celui de la nouvelle pièce de même calibre à construire.*

Ancienne pièce.

Poids de la pièce.... 5700 l.
Poids du déchet à 10 % 570   } 6270 l. à 1 f. 50 c.   9405 f.
Prix de la façon.........................   950

TOTAL du prix de l'ancienne pièce.....   10,355

Nouvelle pièce.

Poids de la pièce..... 4344 l.
Poids du déchet à 10 % 434   } 4778 l. à 1 f. 50 c.   7167 f.
Prix de la façon, à raison de moins de longueur
de plus d'un quart.....................   720

TOTAL du prix de la pièce nouvelle....   7887

Différence en moins pour la pièce à construire   2468 f.

154. Pour ne rien omettre des avantages que présente ce nouveau système de fabrication, examinons l'économie que présente la refonte des pièces de canon de 24 ordinaire, pour la comparer à celle de la pièce à construire.

Dépense relative à la refonte d'une pièce de 24 ordinaire.

Ancienne pièce.	Pour le prix de la façon...	950 f.	1805 f.
	Pour le déchet à 10 $\frac{o}{o}$.....	855	
Nouvelle pièce.	Pour le prix de la façon...	720	1371
	Pour le déchet à 10 $\frac{o}{o}$.....	651	
	Différence........	434 f.	

155. Ce qui suppose, néanmoins, qu'il n'y auroit plus d'ancienne pièce à refondre, et à transformer comme hors de service, par la refonte en pièce nouvelle, car autrement, bien loin que cette dépense fût dispendieuse, elle seroit, au contraire productive, à raison de 663 francs par pièce hors de service à refondre. Exemple : la diffé·rence en poids de ces deux pièces étant de 1356 li., si on prélève de cette masse celle de 434 livres, pour le déchet accordé pour la nouvelle pièce, il restera une masse de fonte de 922 livres, qui à raison de 1 fr. 50 cen. par livre, fait une somme de 1383 fr., sur laquelle ayant prélevé la somme de 720 fr., pour la façon de la nouvelle pièce, il restera un bénéfice de 663 fr. par pièce refondue.

156. Dans les circonstances malheureuses où se trouvent les finances de la France, il ne sera pas, je pense, sans utilité de faire appercevoir combien

il peut être avantageux pour la restauration dispendieuse de son artillerie, destinée à l'attaque et à la défense des places, d'adopter la réduction de la longueur de l'ame qui y amène avec autant d'efficacité que de bonheur, puisque, ainsi qu'il est prouvé par le calcul ci-après, dans son exécution seule, se trouvent abondamment les moyens pécuniaires de l'opérer complètement.

Il existoit, avant la révolution, dans l'armement des places frontières, comprises seulement dans les quatre directions de l'artillerie de Douai, de Lille, de Valenciennes, et de Dunkerque, en pièces de gros calibres, savoir :

```
                 pièces                               pièces
De 24..166...à 5700 l. l'une...pourles 166...  946,200 l.
De 16...590..à 4180..................590...2,466,200
De 12..639...à 3170..................639...2,025,630
De  8..176...à 2100..................176...  369,600
                                           ─────
                                         pièces
    TOTAL pour les............1571...5,807,630 l.
```

Supposons qu'à la retraite de l'armée d'occupation, cet armement soit à renouveler en grande partie, et même en entier, par la refonte, les pièces étant hors de service, cette universalité d'individu, pouvant tenir lieu de quelques pièces qui auroient pu être enlevées ; j'ai prouvé ci-dessus (155), que de chaque pièce de 24, conforme à l'ordonnance, on doit obtenir, par la refonte, outre une pièce de 24 neuve, réduite à 81 pouces de longueur d'ame, le déchet accordé à 10 pour $\frac{2}{8}$ payé ainsi que la façon à 720 francs, une masse de fonte de reste pesant 442 livres à 1 fr. 50 cent. l'une, ce qui fait en numéraire 656 francs.

Quoique l'expérience n'ait encore rien présenté de précis sur la réduction de la longueur de l'ame la plus convenable aux pièces de places des calibres de 16, 12 et 8, je crois cependant pouvoir, sans inconvénient admettre ici, en ligne de compte, par analogie au calibre de 24, et d'après des calculs modérés, l'économie restante de la refonte des pièces desdits calibres de place.

TABLEAU DU PRODUIT DES FONTES PAR CALIBRE.

CALIBRE des pièces.	NOMBRE DES PIÈCES.		PRODUIT DE CES FONTES.			
	Anciennes à refondre par calibre.	Nouvelles coulées par calibre.	Masse restant par pièce coulée par calibre.	Sommes des masses restant par calibre.	Valeur de la livre de fonte en franc.	Sommes par calibre évaluées en franc.
	pièc.	pièc.	liv.	liv.	fr. c.	fr.
de 24	166	166	442	73,372	1 50	110,058
de 16	590	590	425	250,750	1 50	376,125
de 12	639	639	369	235,791	1 50	353,686
de 8	176	176	316	55,616	1 50	83,424
TOTAUX	1571	1571	...	615,529	1 50	923,293

157. J'observerai que tout ce que j'ai dit dans ce mémoire, relativement à la nécessité pour le bien du service, de réduire les pièces de canon, dans leur trop grande longueur d'ame, est non seulement applicable à tous les calibres, mais plus particulièrement encore aux calibres de 36 et de 48, dans lesquels la combustion entière des char-

ges proportionnelles au poids du boulet est plus prompte à raison du calibre, de manière que, dans le principe, le point de la longueur de l'ame où arrive le maximum de la vîtesse acquise, ne s'éloignant pas de celui où arrive et se termine la combustion entière de la charge de poudre, la réduction de la longueur de l'ame doit être nécessairement plus forte dans le calibre de 48, que dans celui de 36, et plus dans ce dernier, que dans celui de 24.

158. La marine, d'après ce principe, pourroit peut être y trouver l'avantage de pouvoir substituer dans un vaisseau un calibre supérieur à celui de son armement ordinaire; car je ne pense pas, que, la capacité et la forme de l'ame étant la même dans une pièce de bronze, et dans une pièce de fer de même calibre, on puisse rien objecter de contraire à cette idée, pour avoir eu lieu précédemment avec une pièce de bronze.

159. Les pièces de canon de fer sont, sans contredit, dans toute circonstance où sa fonte a été assez épurée par une seconde coulée, d'aussi bon service que les pièces de bronze, auxquelles même elles sont incontestablement préférables, dans un tir un peu vif, par la nature même de ce métal, qui est bien moins susceptible des impressions du feu qui, dans celles de bronze proprement dites, y perdent, dans des actions très-ordinaires, par leur peu de durée, la dureté et la tenacité que la nature leur attribue à froid.

En général, il y a une si grande différence dans l'usé de ces deux espèces d'artillerie, que je ne doute pas que bientôt le préjugé vaincu par la préférence justement méritée, on ne se borne enfin à l'artillerie de fonte grise, au moins pour les places et les côtes, sur-tout lorsque les légères améliorations pressenties comme encore nécessaires dans cette fonte, inspireront, par les succès, la confiance illimitée qu'elle n'est pas bien loin d'atteindre.

Car nous ne sommes pas encore assez éloignés de l'époque où on couloit indistinctement dans les hauts fourneaux ou une gueuse, ou une pièce de canon, pour avoir entièrement oublié les désastres qui en résultoient dans le service de la marine et dans celui des côtes, sans en séparer celles coulées déjà lors de l'invention de la machine à forer, et lorsque, pour se procurer des fontes plus tendres dans cette nouvelle fabrication, on proscrivoit aux fournisseurs les charges qui, par de plus grandes doses de charbon, devoient fournir des fontes plus tendres et plus poreuses, mais plus chargées, contre l'intention, de sulfates et de carbure de fer; car la chimie n'étoit pas encore, à cet égard, connue de tout le monde, et les parties, alors étrangères à cette fonte, en diminuant sa cohérence et sa tenacité, rendoient très-fréquemment, dans le service de ces pièces, pour peu que l'influence du calorique rayonnant s'y fît sentir, l'effort dilaniateur de la charge de poudre supérieur, au détriment du canonnier servant, à la résistance des épaisseurs les plus fortes des pièces de canon.

Mais en partant déjà des époques des établissemens d'Endreck, de Creuzot, de Chaillot, et autres, l'expérience, par les succès, a si fort rétabli la confiance qu'on est déjà, depuis long-temps, dans une si grande sécurité dans le service de ces nouvelles fontes, que ceux qui sont employés à leur service, soit sur les vaisseaux de l'état ou sur les côtes, paroissent ignorer jusqu'à un certain point qu'il eût été autrefois si dangereux.

En présentant dans ce mémoire, avec la plus exacte vérité, l'état de la situation des bouches à feu de l'artillerie française, je n'ai pu me refuser à la judicieuse observation qui se présente, que nulle puissance de l'Europe n'avoit donné jusques en 1786, par les épreuves extraordinaires et comparatives, d'assurance aussi forte sur la résistance et la durée de l'artillerie de campagne; et si malheureusement il n'en a pas été de même de l'artillerie de siége, restée seulement, depuis 1765, à l'unisson de toute autre artillerie étrangère, destinée au même usage; j'en ai indiqué, ailleurs (5 et 6) la cause plus que vraisemblable de cette stupide suspension.

Mais actuellement que ces surannées dimensions des pièces de canon de gros calibres, qui formoient alors dissention dans l'artillerie, sont aujourd'hui sans appui par la dispersion de ses sectaires les plus marquans, c'est à l'artillerie française, qui, dans le siècle dernier, exèrçoit sur son art, sous les Vauban, les Valières et les Gribeauval, l'initiative la plus savante, à reprendre cette honorable prérogative, surtout lorsque Sa Majesté, elle-même, exerçant sur les sciences et les arts de son Royaume, la vigilance la plus éclairée se complaît à féliciter les artistes doués de talent et de zèle, sur leurs progrès, par la considération royale que Sa Majesté leur accorde.

Séduit sous ce point de vue d'émulation, j'ai pensé qu'il devoit être permis à un ancien artilleur, sans être taxé d'une prévention délirante, de s'associer d'intention à cet honorable projet, surtout lorsque la théorie et l'expérience de l'art, par le concert le plus unanime, peuvent l'autoriser à mettre au jour ce mémoire contenant plusieurs vérités par lui démontrées, objets les plus suivis et les plus assidus des recherches de l'artillerie, qui doivent évidemment, par leur importance et surtout par leurs ensembles, si fort influer en bien dans cette intéressante branche de l'Art militaire.

FIN.

Pièce de Canon du

Fig . 5 .

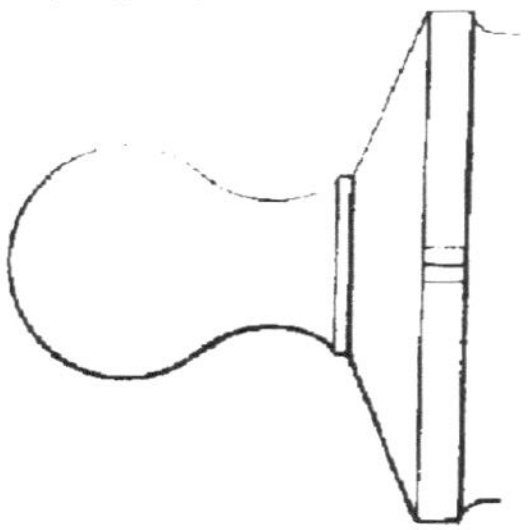

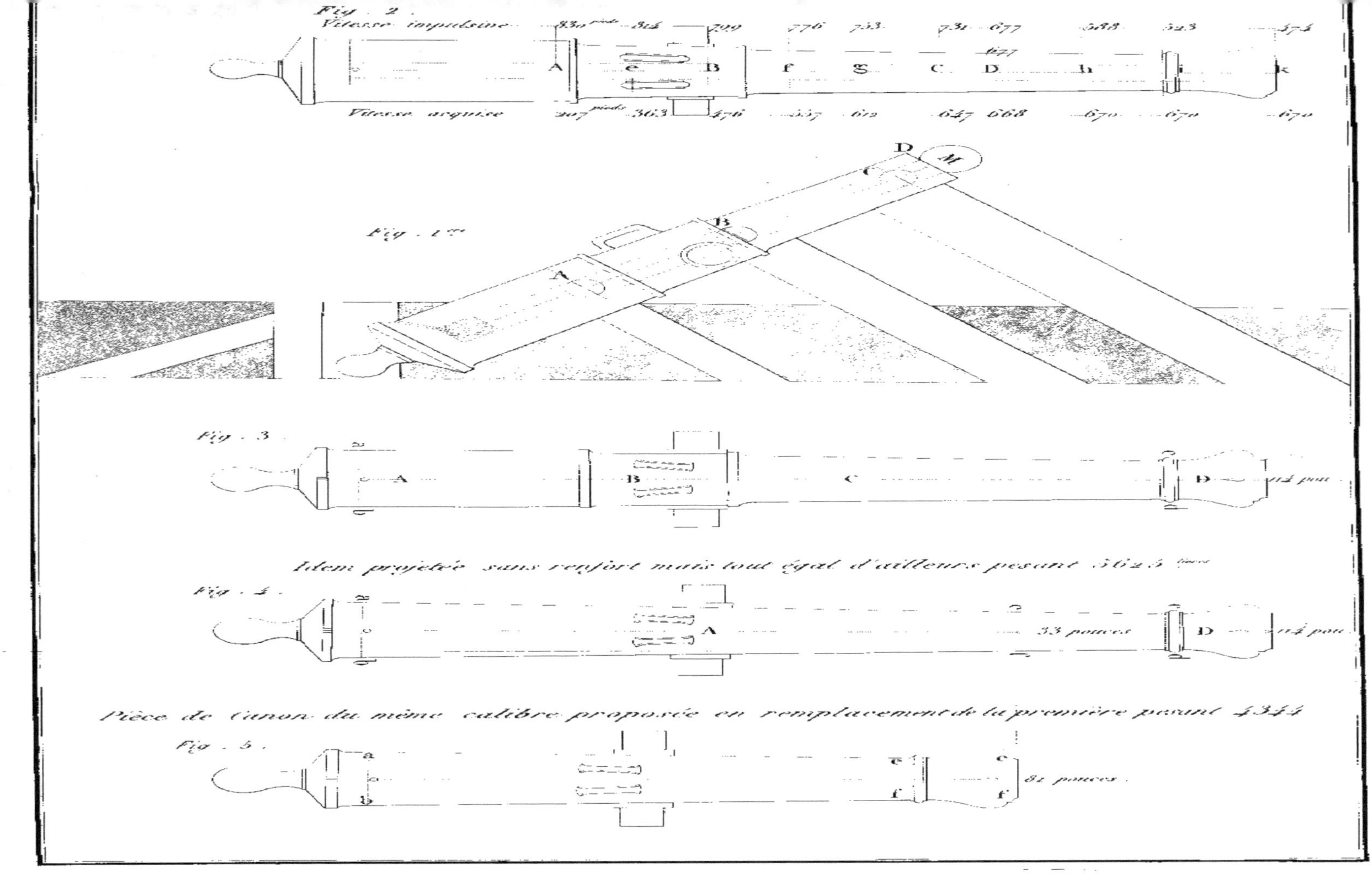

Fig. 2.
Vitesse impulsive   830 pieds   814   709   776   753   731   677   588   523   574
Vitesse acquise   207 pieds   363   476   557   612   647   668   670   670   670
A   e   B   f   g   C   D   h   k
Fig. 1re
D   M   C   B   A
Fig. 3.
A   B   C   D
Idem projetée sans renfort mais tout égal d'ailleurs pesant 3625 liv
Fig. 4.
A   33 pouces   D
Pièce de canon du même calibre proposée en remplacement de la première pesant 4344
Fig. 5.
a   b   e   f   81 pouces